山西古村镇系列丛书

山西省住房和城乡建设厅组织编写

石廒头古村

薛林平 王潇
黎源 梁淇淇
于丽萍 著

中国建筑工业出版社

图书在版编目(CIP)数据

石淙头古村/薛林平等著.—北京:中国建筑工业出版社,2014.4
(山西古村镇系列丛书)
ISBN 978-7-112-16364-9

Ⅰ.①石… Ⅱ.①薛… Ⅲ.①乡村-古建筑-介绍-泽州县 Ⅳ.①K928.71

中国版本图书馆CIP数据核字(2014)第019579号

责任编辑:费海玲 张幼平
责任校对:陈晶晶 关 健

山西古村镇系列丛书
山西省住房和城乡建设厅组织编写

石淙头古村

薛林平 王 潇 黎 源 梁淇淇 于丽萍 著

*

中国建筑工业出版社出版、发行(北京西郊百万庄)
各地新华书店、建筑书店经销
北京方舟正佳图文设计有限公司制版
北京盛通印刷股份有限公司印刷

*

开本:787×960毫米 1/16 印张:15½ 字数:300千字
2014年8月第一版 2014年8月第一次印刷
定价:58.00元
ISBN 978-7-112-16364-9
(25057)

版权所有 翻印必究
如有印装质量问题,可寄本社退换
(邮政编码 100037)

《山西古村镇系列丛书》

主　编：李栋梁　李锦生　翟顺河
副主编：于丽萍　张　海　薛林平　郭　创

《石淙头古村》

著　者：薛林平　王　潇　黎　源
　　　　梁淇淇　于丽萍

丛书总序

我曾多次到过山西，这里丰富的历史遗存和深厚的人文底蕴，令人赞叹，给人的印象非常深刻。山西省建设厅张海同志请我为《山西古村镇系列丛书》作个序，在这里我就历史文化遗产和古村镇保护等有关问题谈一些粗浅的想法。

国际经济社会发展的经验证明，一个国家城镇化水平达到30％以后，城镇化进程不断加快，随之出现城市建设的高潮；人均生产总值达到1000~3000美元时，进入经济发展的黄金期，也是多种矛盾的爆发期，这个时期不仅可能引发各种社会矛盾，还会出现许多问题。我国城镇化水平2003年就已经超过了40％，人均生产总值2006年已经超过了2000美元，国民经济快速发展，城镇化进程不断加速；在城市建设日新月异的发展中，中央又审时度势提出了"两个趋势"的科学判断，作出了加强小城镇和新农村建设的决策。过去，我国城市的大批建筑遗存，正是在大搞城市建设中遭到毁灭性破坏。现在，我国农村许多建筑遗产，能否在小城镇和新农村建设中有效保护，正面临着严峻考验。处理好小城镇和新农村建设与古村镇保护的关系，保护祖先留下的非常宝贵、不可再生的文化遗产，是历史赋予我们义不容辞的责任。

对于建筑历史文化遗产的保护，人们的观念不断创新、思路逐步调整、方法正在改进，从注重官府建筑、宗教建筑的保护，向关注平民建筑保护的转变；从注重单体建筑的保护，向关注连同建筑周边环境保护的转变；尤其是近年来，特别关注古村镇的保护。因为，古村镇是区域文化的"细胞"，是一个各种历史文化的综合载体，不仅拥有表现地域、历史和民族风情的民居建筑、街区格局、历史环境、传统风貌等物质文化遗产，还附着居住者的衣食起居、劳动生产、宗教礼仪、民间艺术等非物质文化遗产。我国现存有大量的古村镇，其历史文化价值和社会经济价值都是巨大的，按照英格兰的统计方法，古村镇的价值应占到GDP的30％以上。然而，认识到这一点的人并不多，甚至有人认为古村镇、古建筑是社会发展的绊脚石，这种观点对于文化的传承和社会的进步都是极为不利的。在快速推进的城乡建设浪潮中，我们所面临的最大问题就是，大批历史古迹被毁坏，大批古村镇被过度改造，使中华民族的历史文化遗产严重损坏。在这个时候提出古村镇的保护，实际上是一项带有抢救性的工作。

2008年1月1日开始实施的《城乡规划法》，突出强调了保护历史文化遗产的重要性；2008年4月又颁布了《历史文化名城名镇名村保护条例》。历史文化名城保护工作已开展近30年，历史文化名镇名村保护工作也已启动，现在大家基本达成共识，保护有价值的古村镇，其实就是"保护文化遗产，弘扬优秀的传统文化……保持民族性，体现时代性"。但是，当前全国历史文化村镇保护的形势仍然不容乐观，保护工作极不平衡，一些地方还未认识到整体保护历史文化村镇的重要性，忽视了周边环境风貌和尚未列入文物保护单位的优秀民居的保护，制定和完善保护历史文化村镇规划的任务还十分艰巨；一些地区片面追求经济效益，对历史文化村镇进行无限度、无规划的盲目开发；一些地方擅自改变国有文物保护单位的管理体制，交给企业经营管理。

作为华夏文明的发祥地之一，山西有着丰厚的文化积淀和历史遗存，不仅有数量众多的古建筑，还保存有大量的古村镇。由于山西历史悠久、民族聚居、文化融合、地形差异等多因素影响，再加之较为发达的古代经济，建造了大量反映农耕文明时代、各具特色的古村镇。这些古村镇，一是分布在山西中部汾河流域，以平遥古城为中心，以晋商经济为支撑，体现晋商文化特色；二是分布在晋城境内沁河流域，以阳城县的皇城、润城为中心，以冶炼工业及商贸流通为支撑，体现晋东南文化特色；三是分布在吕梁山区黄河沿岸，以临县碛口古镇为中心，以古代商贸流通、商品集散为支撑，体现晋西北黄土高原文化；四是沿山西省内外长城，在重要边关隘口，以留存的防御性村堡，体现边塞风情和边关文化，在山西统称为"三河一关"古村镇。这些朴实生动和极富文化内涵的古村镇，是人类生存聚落的延续，是中国传统建筑的精髓；保存有完整的古街区、大量的古建筑，体现着先人在村镇选址、街区规划、院落布局、建筑构造、装饰技巧等方面的高超水平；真实地反映了农耕文明时代的乡村经济和社会生活，凝聚了劳动人民的智慧，沉淀了中华民族的优秀文化，传承了丰富的历史信息；具有浓郁的地方特色和很高的研究价值，是人类共同的文化遗产和宝贵财富。

山西省建设厅一直对古村镇及其文化遗产的保护非常重视，从2005年开始，对全省的古村镇进行了系统普查，根据普查的初步成果，编辑出版了《山西古村镇》一书；同年，主办了"中国古村镇保护与发展碛口国际研讨会"，并通过了《碛口宣言》。报请省政府下发了《关于历史文化名镇名村保护工作的意见》，并分两批公布了71个"山西省历史文化名镇名村"，其中18处已经成为"中国历史文化名镇名村"。为大部分古村镇制定了科学的保护规划，开展了多层次的保护工作，逐步形成了科学、合理、有效的保护机制。为了不断提高人们的保护意识，他们又组织编写了《山西古村镇系列丛书》，本系列丛书撷取山西有代表性的古村镇，翔实地介绍了其历史文化、选址格局、建筑特色、非物质文化遗产，内容较为丰富。为了完成书稿的写作，课题组多次到现场调查，在村落中居住生活了相当一段时间，积累了大量第一手资料。通过细致的测绘图纸和生动的实物照片，可以看到他们极大的工作热情和辛勤劳动。这套丛书不仅是对古村镇保护工作的反映，更有助于不断增强全社会的文化遗产保护意识。让我们以此为契机，妥善处理保护与发展的关系，做到科学保护、有效传承、永续利用历史文化遗产，不断开创历史文化名镇名村保护工作的新局面。

是为序。

住房和城乡建设部　副部长

目 录

丛书总序

第一章 石淙头古村的历史文化 ······················· 1
  一、概况 ··· 2
  二、历史沿革 ·· 10
    1. 追溯建村 ··· 10
    2. 古迹遗存 ··· 11
    3. 历史事件关联 ······································ 11
    4. 村名由来 ··· 12
    5. 近代沿革 ··· 13
  三、四大家族 ·· 15
    1. 潘氏家族 ··· 17
    2. 樊氏家族 ··· 22
    3. 王氏家族 ··· 23
    4. 张氏家族 ··· 23
  四、非物质文化遗产 ······································· 25
    1. 上党八音会 ··· 26
    2. 祭祀庆典 ··· 27
    3. 泽州秧歌 ··· 28
    4. 面食文化 ··· 28
    5. 人文情怀 ··· 32
    6. 节日庆典 ··· 33
    7. 扬场打麦 ··· 34

第二章 石淙头古村的空间格局 ······················· 35
  一、村落的选址 ··· 36

1. 得天独厚的自然条件·················· 36
　　　2. 天人合一的风水······················ 38
　二、村落格局······························ 43
　　　1. 总体布局···························· 43
　　　2. 空间肌理···························· 44
　　　3. 街巷格局···························· 46
　　　4. 场的空间···························· 53
　　　5. 村落整体形态的演变与发展············ 54

第三章　石淙头古村的居住建筑················ 57
　一、居住建筑概述·························· 58
　　　1. 总体布局···························· 58
　　　2. 院落构成···························· 60
　　　3. 营造技术···························· 66
　　　4. 立面构成···························· 68
　　　5. 居住建筑地面铺装···················· 68
　　　6. 墙的砌筑方法························ 69
　　　7. 高差造成的建筑变化·················· 70
　　　8. 居住建筑排污、排水系统·············· 72
　二、典型院落······························ 75
　　　1. 西部组团···························· 75
　　　2. 东部组团···························· 101
　　　3. 兄弟院与街花院组群·················· 126

第四章　石淙头古村的公共建筑················ 135
　一、概述·································· 136
　二、总体布局······························ 137
　三、建筑分析······························ 137

　　　　　1. 大庙 137
　　　　　2. 小庙 141
　　　　　3. 观音庙 143

第五章　石淙头古村的装饰艺术 147
一、匾额 148
二、柱础 154
　　　　　1. 普通方形柱础 154
　　　　　2. 复合型柱础 155
　　　　　3. 特殊样式柱础 159
三、雀替 160
　　　　　1. 通雀替 160
　　　　　2. 骑马雀替 161
　　　　　3. 花牙子雀替 161
四、门窗格扇 163
　　　　　1. 门窗 163
　　　　　2. 门帘架与格扇门 165
　　　　　3. 漏窗 170
五、栏杆 171
六、封檐板 173
　　　　　1. 方形封檐板 173
　　　　　2. 如意封檐板 173
七、木雕 174
八、铺首 178
九、砖饰 181

附录 183
附录1　历史建筑测绘图选录 183
附录2　碑文选录 233
附录3　村民采访记录 236

后记 238

【第一章】

石淙头古村的 **历史 文化**

LISHI WENHUA

一、概况

　　石淙头村位于晋城市泽州县西南部，隶属周村镇，距晋城市区约38公里（图1-1、图1-2）。古村南邻李寨秋泉村，北接周村镇川河村，东靠下河西李寨村，西邻章训镇崇上村。古村地势大体为西北高，东南低，村落建成区东西长约1000米，南北宽约380米，总占地面积约0.37平方公里[1]。1958年石淙头村被立为行政

图1-1 石淙头村区位图

---

[1] 石淙头村情况（2011年）由周村镇政府提供。

图1-2 从凤凰山俯瞰石淙头村

村，分管周边的上龙王山村、下龙王山村和山场坡村三个自然村。2010年，石淙头村被列为山西省省级历史文化名村。

石淙头村处于山环水绕的丘陵地带，古村的主要建筑群选址在长河北岸。长河是沁河的支流。关于沁河，先秦古籍《山海经》中有如下描述："沁水出井陉山东，东南注河，入怀东南。"其中"井陉"为秦朝时太行山东麓的一个县，根据描述，沁河自"井陉"向西北方向蜿蜒，其支流长河顺势流经太行山东南，恰与石淙头村所处地理位置一致。由此可考，沁河支流长河自古就流经石淙头村，其河道未曾改变。

又有清乾隆《凤台县志》[1]记载："沁水：源出佛头山，西流入治底河，经柏山下，两岸皆细柏，俗以为名。"其中"两岸皆细柏"的"柏山"从地理位置和形貌上都与村东南

---

1 凤台县志整理委员会编纂.凤台县志（点校简注本）.三晋出版社，2012.

长满柏树的金鱼山相似,而金鱼山又被村民称为"柏山",可推断石淙头村村头的柏山很可能就是《凤台县志》所记载的"柏山",即沁河支流长河流经石淙头村,由此进一步证明沁河是浸润石淙头村生生不息的源头(图1-3)。综上,可看出石淙头村临水而建、群山环抱的周边自然环境是有着悠久历史渊源的(图1-4)。

石淙头村现存完整的宅院有16座,根据村中现存的花梁以及碑文可知,村中的建筑与宅院均建于清朝(图1-5~图1-8)。据当地村民讲述,在古时候村中一些院落因大旱灾害已被拆毁或翻修,未能保留至今。此说法虽无据可考,但潘家大院建造之悠久已被石淙头村民口口相传。

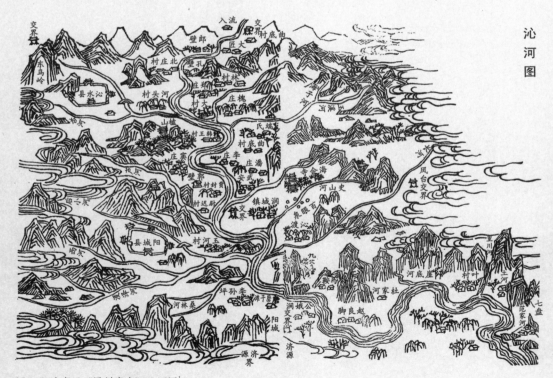

图1-3 清雍正《泽州府志》沁河图[1]

---

[1] 山西省晋东南行政公署翻印.泽州府志.方舆志十四图考.山西古籍出版社,1981.

图1-4 清乾隆《凤台县志》[1]凤台县境图

图1-5 后头院正房花梁

图1-6 后头院倒座花梁

图1-7 官低院正房花梁

---

1 凤台县志整理委员会编纂.凤台县志（点校简注本）.三晋出版社，2012.

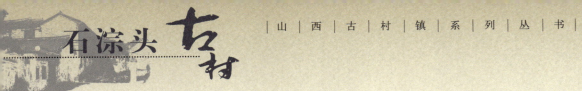

编号	花梁内容	位置	花梁位置
1	峕大清乾隆五年岁次庚申三月十一日宜用□时丰柱上梁□□□宇玖楹自造之乃□□□□人囗立□安□□典□田蚕茂盛维滋寸木用为志	大庙正殿	
2	峕大清同治七次癸酉年重修白衣阁并三教当南面上下于□间巧月念六日卯时吉日上大利首□□…… 王绍华 王世恒 潘乾三 潘□三 樊永金 潘魁三 潘庚三 潘金都为志	小庙	
3	峕大清嘉庆十五年岁次庚午五月初二日宜用□时工梁大吉创修堂房十四间宅主潘锦麟自修之□祈保合宅平安永□志耳	宫低院	
4	峕大清道光三年岁次癸□十月□□朔□十二日□来宜用己子上樑宅主潘□□率男□□鼎建大吉大利立此寸木□为志	宫上院	
5	峕大清嘉庆□四年己未二月十九日亥时上梁宅主潘□□创修南厦房□□……修堂房一座西文北耳房一座□□□此寸木□□……书此为志	下院正房	
6	峕大清嘉庆十八年岁次癸酉择吉于十一月初七日卯时上梁创修两房一座上下六间宅主潘惟祠自修之后祈保合宅平安立此寸木为志	下院倒座	
7	峕大清嘉庆十二年岁次丁卯宅主潘惟星创修堂房上下十四间择吉十二月二十六癸巳日辰时上梁伏羲告□之后合宅平安将石木工 冯永寿 孙九虎□□□廿	后头院正房	
8	峕嘉庆二十三年岁在无愧修理南方一座,西方一座□□房二座择于七月初四□□辰时上梁永保合宅平安宅主潘惟星借此□木以为志	后头院倒座	
9	峕大清嘉庆二十三年岁□□寅□□丁巳□□癸酉时承戊午上梁宅主潘惟星……	棋盘院	
10	峕大清道光六年岁在丙戌宅主潘萃麟择子庚子月□□□时上梁□筑上择之,□永保合宅平安,书木以志	影壁院正房	
11	峕大清嘉庆十七年岁在壬□二月十三…	影壁院倒座	
12	峕大清道光九年岁次己丑四月二十二乙酉日卯时上梁创修堂房一座随带东西北耳房一座东房一座宅主潘吉敘恒麟惟羹上梁之后永保辈合宅平安书木以志	圪垱院	
13	峕大清乾隆十六年岁次辛未九月二十二日宜用时竖柱上梁建造主潘□男梓匠张 玉工李 自造之后祈保合宅平安维兹寸木永远为志耳	外向院	

图1-8 石淙头村房屋花梁列表

石淙头古村中现存历史建筑主要分布在村落主街潘家街南北两侧，并向东西方向延伸，重要历史建筑有宫上院、西头院、影壁院、圪垟院、棋盘院等（图1-9）。石淙头村主要历史建筑以组团形式分布在村落的东西两侧（图1-10）。此外，村中现存有三座庙宇建筑，分别是大庙、小庙和观音庙。

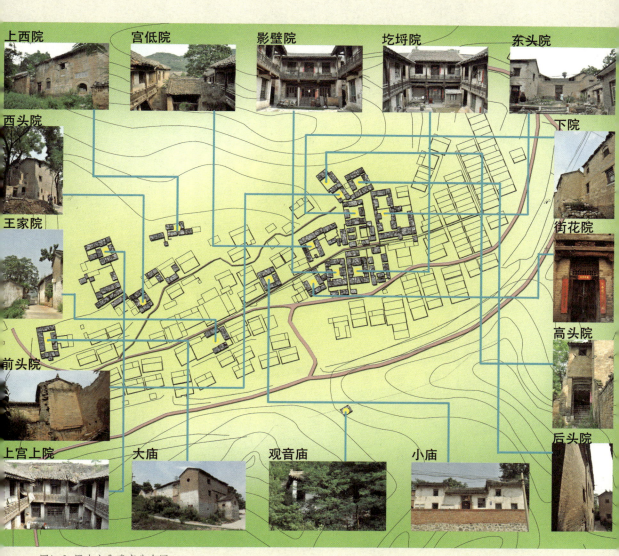

图1-9 历史文化遗产分布图

图1-10 村落东部地区院落群

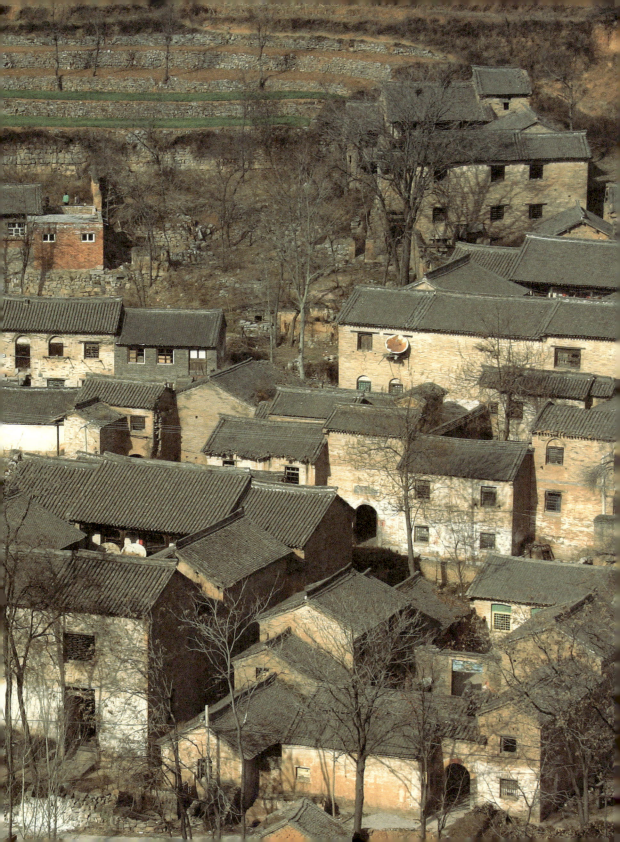

二、历史沿革

1. 追溯建村

关于石淙头古村的历史并没有翔实的史料记载,何时建村也无实据可考。根据村中碑文以及相关历史资料推测,石淙头古村历史可以上溯至元末,到明初已具规模。

首先,村中现存年代最久远的建筑是大庙,其正殿的花梁上记载:"岢大清乾隆五年岁次庚申三月宜用吉时丰柱上……玖楹自造之……田蚕茂盛,维滋寸木,用为永福",由此推断大庙正殿的修建时间是乾隆五年,即1740年(图1-11)。另有大庙正殿一块碑上记载了村民捐资修大庙的明细,推断潘家生意昌盛在前,号召村民集资修大庙在后,所以得出建村时间要早于1740年。

图1-11 大庙正殿花梁

其次,清代名臣陈廷敬[1]在留宿村中时写下《宿石淙头》诗一篇曰:"山房行欲近,半空人不知。微径碍古林,青碣来差池。鸭脚寒已乱,鸟翼昏相追。林开狐烟出,飞崖落崖崔。巨灵劈左股,元气犹淋漓。森严惊鬼物,幽险疑蛟螭。石坎象铁盆,千古垂流澌。淙淙一线长,晴雨无盈亏。逝者有如此,吾生几何时?"其中"飞崖落崖崔"描写的便是村西老龙汶瀑布的景色。此诗文不仅对村子的山貌形态进行描述,还用生动的比喻记录了村子淙淙流水的盛景,可见清朝初期村落在长河的沁润下形成的优美奇异的自然风光。据樊锦晔老人(生于1928年)口述,他小时候听长辈讲过陈廷敬在村中的往事:陈廷敬当年在石淙头村逗留了一个月左右,根据推测,清廷名臣必定是有一段时间不在京城才有机会在

---

[1] 陈廷敬(1638~1712年),原名陈敬,字子端,号说岩,晚号午亭山人,现山西省阳城县皇城村人。清代名臣,入仕五十三年。

故乡阳城附近的石淙头村逗留一个月。康熙二十七年（1687年），陈廷敬的亲戚因贪赃被劾罢，使他身受连累，打击较大。之后，他借口父亲八十一岁，盼望相守为由，要求卸任回乡。清廷答允陈廷敬的请求，免却了他在朝中的职务[1]。据推测，清廷名臣陈廷敬就是在此时回到故乡留宿石淙头村的。故可知，最晚在康熙二十七年（1687年）时石淙头村已经建村。

2.古迹遗存

村落对面的凤山山夹间有一处观音庙，其入口石阶旁的断崖上有一处摩崖题记。青石崖壁上题"石道穿云"四个榜书大字，字径约0.8米，字体气势磅礴（图1-12）。榜书出现于秦统一文字之前[2]，汉高帝曾命萧何用榜书为未央宫前殿题额，汉代时榜书应用较广。根据内容和字迹的侵蚀可看出其年代久远，但具体时间要待考古学家证实，此摩崖题记侧面反映了石淙头村在长河流域存在年代之悠久。

图1-12 村中摩崖题记

3.历史事件关联

首先，据《明史纪事本末》[3]载："吴元年，太祖命平章杨璟由湖广取广西……夷考其时，淮北、山东曾无经略，秦、晋、关、陕尚悬度外，止徐达一军由淮入河，长驱北伐耳……三晋兵马莫强，又不止尉佗之夷风，番禺之敝俗也。乃太祖不并力中原，而分兵南

---

1 《清史稿》卷二九中的陈廷敬人物生平。
2 榜书，古曰"署书"，出现于秦统一文字以前。
3 《明史纪事本末》，清谷应泰(1620～1690年)撰。

徽。"由此可知，在明洪武元年（1368年）十一月至十二月太原之战中，泽州一带是重要战场。战争会带来移民，可以推断在明朝战乱时期，石淙头古村的建村者们很有可能是逃到晋东南地势险峻的石淙头一带的难民，因为石淙头地区四面环山，对房屋和居民的隐蔽性较好，是易守难攻、适宜居住之地。

再有，石淙头村所属的上党地区是明代潞绸机户分布地带之一[1]。纺织及潞绸机在明朝有迅速的发展，当时丝绸由各地政府派员解送赴京交纳。据老村长张斗学（出生于1951年）讲述，石淙头村以前便是向京城运送丝绸的必经之路。在村中心的大场处，从前设有官员们的驿站，还会呈现官员们交接班的场面。从地理位置上看，石淙头村曾是古时晋城通往河南、晋南、陕西的必经之路和交通要塞，在明朝运送丝绸时村落应该已经初具规模。

上述两点历史事件的关联从侧面说明石淙头村在明朝末年建村的可能性较大。

4. 村名由来

座座石山，淙淙流水，会使人不由得联想起古村的村名——"石淙头"，有"石头"山，有"淙淙"流水，仿佛是这得天独厚的地理条件自然而然形成了这美丽的村落。而关于村名的由来，村中流传着这样的传说：龙王的儿子九小龙分管太行山区，但是九小龙不安分，一直闯祸，玉帝派二郎神来人间严惩九小龙，九小龙无奈，便就地滚成了一座绵延山峰，二郎神识破其诡计便用方天戟把山砍碎，所削的九小龙指足随山体变成十座断头小山岭，每座小山岭脚下流出了一股淙淙泉水，清澈明亮且甘甜，当地百姓就食用此泉。周围这十座小山终止于山脚的小村落——石淙头村。石淙头村名原意是"十终头"，后窜写成"石淙头"（图1-13）。

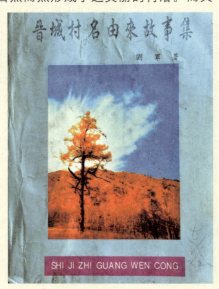

图1-13 村民收藏的民间书籍

---

[1] 明代潞绸发展到鼎盛时期，山西的潞州因此而成为北方最大织造中心。

5. 近代沿革

据老村长张斗学所述,村中潘姓家族祖上是石淙头村的始建者,后来又有樊氏、王氏两个家族从外地迁移至此。二姓迁入村中后,从一开始为潘家打工到逐渐有了自己的家业,村中人口渐多,规模渐大。

民国33年(1944年),村中出现一场大旱,许多人家的小孩子都养活不起被扔弃在茅厕中,据下宫上院的主人讲述,许多村民都拆下自己家房子的材料拿到别村去换取粮食,村中的建筑在那时遭到不小的破坏。

据张作龙老人(生于1937年)讲述,抗日战争时期,石淙头村位于日本人划分区管辖的分界线,石淙头村以南的被称为"南片",南片不是日本人在周村镇的扫荡重点。日本人出没于村东面的龙王山时,老百姓把粮食藏好后,自己都跑到山上避难,而此时,睿智的村民其实就藏匿在日本军队周围:除了藏在家附近的山上,还有的集结部分村民藏在自己房屋的隐蔽机关里。潘家下宫上院就有在柜子里藏匿门供村民避难的做法,可见当地百姓的智慧。

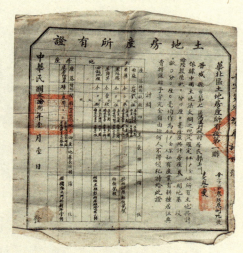

图1-14 民国时期土地房产所有证

土地改革时期,村中地主遭到了严厉批斗。潘家拥有的豪宅院落被平分给了普通的农民百姓,由村民集资修建的大庙等公共建筑也被分给了穷苦百姓,以潘家为首的村中地主阶级遭到严惩(图1-14)。土地改革后,生产队为村民们提供了新的土地房产所有证,其上明确标注了户主、人口、土地位置及亩数、房产四至及间数(图1-15)。

在"文革""破四旧"运动中,村中家谱、地契、石碑等文物,或被烧毁,或被填埋,只

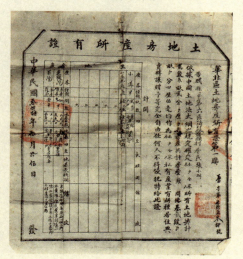

图1-15 张家土地房产所有证明细

有极少部分被保存了下来,其中翻修的原木家具在村中一些人家还可找到(图1-16)。此外,石淙头村中曾经存有大量老式家具,用材珍贵,样式精美。如今个别院落中还保留有一些木质老家具,村中张作龙老人家的罗汉床是村中现存历史最悠久的家具(图1-17)。

"文革"带走了这座古村落的包括建筑在内的各种文化瑰宝,但是也对村民进行了深刻的思想洗礼。如上西院的院墙上就刻有毛主席语录,宫上院的佣人院中避险的"假柜门"中也刻有激励革命胜利的话语,经过历史的洗礼,穿越"文革"的风沙,古村的文化被罩上了一层又一层神秘的面纱(图1-18、图1-19)。

图1-16 老家具

图1-17 村中现存罗汉床

图1-18 院墙上革命宣传语

图1-19 逃生柜门上的标语

三、四大家族

家族宅院和土地的买卖能在一定程度上反映村落中几大家族的变迁，几大家族的兴盛与衰退及土地房屋的买卖使得古村的人口姓氏结构逐渐丰富。通过解读现存的一张地契，可以大致一览在石淙头村的历史上重要的几大家族（图1-20）。

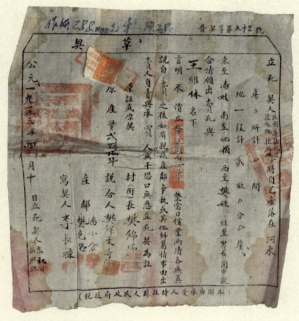

图1-20 房屋转让草契

"立死契人张国善、张起旺、张礼进、张乾旺，今将自己坐落在河东地一段计二亩：东至潘姓、南至地稍、西至樊姓、北至界石，同中说合情愿出卖死与王维林名下。言明米价本币二石四斗整，当日价业两清，各无异说。自卖之后，如有亲族产邻争执或其他纠葛情事，由出卖人负责，与承买人无干。恐口无凭，立死契为证，原证或原契，村（街）长：樊锦瑞。

说合人：樊锦文等，产邻：潘小仓、樊克思。

写契人：李长禄。"

这张地契现存于宫底院内，可以说明以下历史：潘家家道中落时，曾把家中田地卖给曾为自己打工的樊家人，后流传至张姓人家，张姓家业不济时，将土地卖给后来迁至此村的王姓人。从这起房屋变动中可以看出"潘、樊、王、张"这几大姓氏在村中的财富掌控力。这几大家族在近400年间村落的风云变化中起到的重要作用，从各家各户的房屋转让地契中就可见一斑（图1-21）。

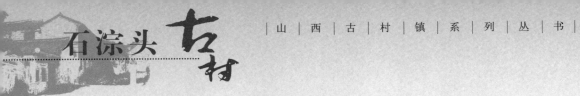

编号	地契内容	落款
1	立永远杜绝死契：文字人王世泰，今将自己河坪地三亩一段，其地各有四至：东至地稍，西至荒坡一所，南至樊姓，北至买主。四以内上下土木金石相连，人行道路各照古迹出入通行。今央中说合出死契卖与樊凤岐名下为死业，任伊耕种。当日受过时□死价收银十七两□□□。即日银业两清，并不短少，此系两家情愿，各无异说，空口无凭，立永远杜绝死契存证。	光绪 年 月 日 立永远杜绝死□□□…泰 同中人 潘宝三 张东和 樊东海 仝见
2	立永远杜绝死契：文字人樊玉琅，今将自己分下院小门楦西□一座三间各有六至：上至清天，下至后土，东至的水，西至的水，南至山系，北至山系，六也以明，上下土木石相连。今央中说合出死契卖与居人樊凤岐名下为死业，任伊居主同中言明受过死假价□高钱五千文正，即日银业两清并不短少。此系两家情愿，各无反悔，空口不凭，立死契文字人存证。	同中人 张东和 潘起元 仝见 代笔人李同義
3	立揭业文字人刘拴羊，只因手中不便，今央中说合，揭到石淙头村樊凤岐名下，高钱十五千文，徵同中言明，此钱揭在尖窊地二亩半注四段，大横头地一亩一段，小岭口地一亩半两段。其地各有四至：上下土木石相连，人行道路各照古迹出入通行。同中言明此钱过年五月归还，如要五月不还者，许出钱在管业。此系两家情愿各无反悔，空口不凭，立揭业为证。	民国三年十一月廿五日 立揭业文字人刘拴羊 同中人 刘金亮 刘福荣 仝证
4	立永远死契文字人樊泰顺因一时不便今将自己祖业河坪地三亩一段其地各有四至：东至地稍，西志地稍，南北各至买主四至□内上下土木金石相连，人行道路各照古迹出入通行。今央中说合出死契卖与樊凤岐名下为死业，任伊耕种。同中言明受过死价足银十五两□□。即日银业两清并不短少，此系两家情愿各无反悔，空口不凭，立永远死契文字人存证。	光绪 年 月 日 立永远死契文字人樊泰顺 同中人 樊泰源 张小□ 李同義代笔
5	立永远死契明白文字人樊鸣春只因不便今自己上圈坡地一□二亩其八地各有四至，四至此内土木石相连，各照古迹。今央中说合卖业与樊凤岐名下为死业，同中受过本钱贰拾五千文整。即日钱业两清，并不外欠。此系两家情愿各无反悔，今立死契，明白文字存照为证。	光绪 年 月 日 立永远死契明白文字人樊鸣春 同中人 王世恒 潘永三 樊永金 仝见
6	立分单明白人樊泰顺因其年迈今同本族□将先人之遗业按两般均分所生二子长日保森次日来森所房产地业。来生分到本院东房一座，上下六间，西南角平房两间，东南角小楼两间，泉窊地六亩一段老门底场一面两家伙本院网坑一伢。今立分单为据。	民国二十年八月十六日 立分单明白人樊泰顺 名幸一□ 同本族人樊福生 锦云 泰来 泰亨 仝证
7	立永远杜绝死契明白文字人张门翟氏因正用不便，今将自己祖遗东头院东北□楼□，平房二间代厦其房各有古迹六至，东至路西至山系，南至院心，北至滴水，上至棚板，下至后土，门□炉台一应在内。六以内，土木金石相连，又代小院西南角侧坑一伢，各有古迹六至，东至院心，西至滴水，南至山系，北至山系，上至棚板，下至后土，各六至此内土木金石相连，人行道路水流，各照古迹出入通行。央中说合情愿永远出卖死□。王维霖□，为死业任伊修理倨住使用同中言明当日受过死价大市洋业仟叁佰元整，即日洋业两清，病不短少，此系两家情愿各无反悔，空口不凭，立永远死契，明白文字存证。	民国卅一年三月初五日 立永远杜绝死契明白文字人张门翟氏 同村长 白众仁 农 潘鸿福（潘鸿福印）（进宝） 同本家张恒瑞全该 同余 同立 任全 同阎□樊锦云 同中人 樊泰亨 张达泉 潘启瑞 潘裕林 王珍宝 代笔人 张耀堂 仝证
8	立明白文字人樊成成、樊小根因两家争地基，通人说合，樊小根一日修南房，由樊成成侧去自己修的墙院，但樊小根必须将南方前墙修□高，院内门屯石一对系伙，樊小根修南房时后墙必须和大队的南三墙修齐。再有本姓其它争论大队一律不管，双方必须按以上文字办事，口说无凭，立明吧文字为证。	文字人 樊成成（樊成成印） 樊小根（樊根序印） 说合人 张长明（张长明印）卫小留 李长禄（李长禄印樊仑仑） 立于一九七九年三月十二日
9	立兑换房明白文字人王旭堂将□峪村□院□房北上、下两间换于王池堂永远为死业，任伊平人修盖居住，出入通行，立文为证，永远有效。 公元一九七三年三月二十四日 立兑换房明白文字人王旭堂（王旭堂□）	同众人 张引旺 张职旺 曹根堂 潘永白 张计法 张进修 代笔人 吕宽海 公元一九七三年三月二十四日
10	让业人王买堂，只因祖父祖母及父亲母亲两辈老人在家的养老送终费由□兄王旭堂、胞弟王池堂养老送终的。因王买堂在外不在家，现在由外回家，同说合情愿将自己分到的产业让给胞兄王旭堂、胞弟王池堂，了养老送终费。现将东头院东北角下小房两间代厦口，外头院西方圪垃三间，小门外侧所一伯，后头院外院北楼上一间让给王池堂，高头院东北角下房间让给王旭堂名下，凭口无证，现凭让业为证，原来的家具在谁家归谁。	让业人 王买堂 说合人 吕守堆 曹银堂（曹银堂印）郑大秀 代笔人 张进修（张进修印） 公元一九八三年二月二十七号

图1-21 石淙头村房屋转让地契列表

1. 潘氏家族

(1) 家族概况

潘家是随着石淙头村的建立而来到村里的，可以说是村里的"坐地户"。据村里的老人说，最早来到石淙头村的潘家人，是从晋南临汾市洪洞县一个叫做老槐树底的地方迁来的。潘氏家族的兴衰与村落的繁荣和没落息息相关，潘氏家族的兴衰也决定了石淙头村的兴衰变迁（图1-22）。

潘家以经商起家，虽后来也出现一些做官的人，但大都以做生意为主。关于最早的发家史，潘家后人潘廷珠（生于1949年）讲述到，潘家两兄弟在家里时好吃懒做，家里生活无以为继，遂到河南白洲租了一间小房做旅店生意。充满传奇色彩的是，传说一天有位客人推了辆装满瓦罐的独轮车放在店里，也没有住店便一走了

图1-22 潘家老房速写

之，两兄弟等一个月后仍没人回来找回车和罐子，便打开罐子看，竟发现里面满满装的都是元宝。二人由此便发了家，把生意越做越大，村里人都说是财神爷庇佑潘家而给其送的财富。二人由此开大店面生意越来越好，后来也做过当铺等其他生意。相传潘家最富有的时候，河南的整条商业街有半条街都是潘家的店铺，也有形容说潘家的人在回家路上住店都是住的自家旅店。据村里的老人樊锦哗回忆，从前每个月都能见到潘家两镖驮着金银珠宝的骡子回村来。虽然是流传至今的民间传说，但百姓至今仍引以为豪，可见潘家在村民心中的地位由来已久。

随着家族生意越做越大，两兄弟难免飞扬跋扈起来，一些潘家子弟性格乖戾也做了不少坏事，在生意场上得罪了不少人。大约在道光末年，潘家在河南的店铺被仇家放火烧

了，生意往来记账的账本也都付之一炬，潘家往家里押镖的银两也被盗贼拦路抢劫，家业式微，潘家主人忧郁致病中风瘫痪，潘家自此没落了。关于潘家的倾覆，迷信的村里人说是被南方来的风水先生教唆村民建杀猪锅破坏了风水所致。随着潘家的垮掉，石淙头村也逐渐没落。

从一张光绪年间的房屋买卖官纸可知，在光绪年间石淙头村的住宅建造已有一定的规模并开始房屋买卖。这张官纸内容中的卖房人潘常氏，在包括其堂侄潘珍山等同村人的见证下，将其祖上遗留下来的一所堂房卖与曹继德（图1-23）。潘家后人在光绪年间的卖祖产行为也暗示了潘家的衰落。

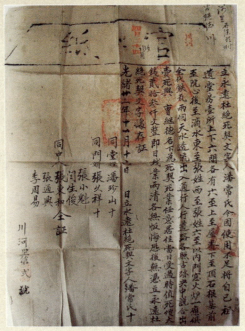

图1-23 村中留存的光绪年间官纸

立永远杜绝死契，文字人潘常氏因使用不足，将自己祖遗堂房壹所，上下六间各有六至。上至屋脊，下至顶石根基，前置院心，后至滴水，东至张姓，西至张姓，六至以内门□火炉一应俱全，代铁瓦两个，天水透流，出入通行人行道路，各聪古迹，央中说合，出卖死与曹继德名下为死契，死业任意居住。当日受过时值死，估钱贰拾叁仟文整，即日钱业两清，各无反悔。恐后无凭，立永远杜绝死契文字□存证。

光绪□二年十一月十六日立永远杜绝死契文字人潘常氏十

同堂侄潘珍山十

同门婿张□祥十

同中人张小魁、闫生俊、张东和、张通兴、李周易

川河里第贰号

关于潘家的家谱，村里人现在并没有完整的留存。由潘家后人讲到潘氏家谱都是每隔五辈往下续写的，潘家的居住习惯也是五世同堂不分家的。编纂家谱的习俗在人民公社成立后就不再有了。

(2) 潘氏名人

①潘泽麟

村口有潘泽麟墓碑一通（位于村口外以东山脚下，图1-24），碑中载有文字如下："布政司理问加三级姻晚段永泰顿首拜题 皇清 例授修职佐郎 候选儒学训导 贡生沛若潘公配"据碑文所载，作为位于晋东南泽州县的小村落，石淙头村也出过历史上的名人官宦（图1-24）。潘家后人潘泽麟在道光和咸丰年间还担任过布政司理问这种地方的高级官职[1]（图1-25）。

据墓碑记载，潘泽麟[2]，字沛若，生于乾隆四十五年十一月十二日吉时，卒于道光二十六年一月初八日亥时。担任布政司理问，例授修职佐郎，候选儒学训导。潘泽麟有四个儿子：长子潘文范，次子潘文衡，三子潘文炳，四子潘文焕。潘文范职受军功议叙次，潘文衡荣登国子后秀。潘文衡的孩子即潘泽麟的长孙在自家书塾读书，很受祖父的喜爱，可见潘家至少从道光年间就开始注意对子孙后代的文化教育，虽为商贾之家也没有忽视诗书礼教。

据大庙正殿所刻文字记载，道光二十五年夏，潘金麟和潘承麟捐资修缮大庙南屋，从名字和时间推断，潘金麟、潘承麟和潘泽麟应同为麟字辈的兄弟（图1-26）。

图1-24 潘泽麟墓墓碑

图1-25 潘泽麟墓碑文片段

---

1 "布政司理问"全称为"承宣布政使司"，官名叫布政使，是明清两代的衙门机构。
2 见附录1"石刻碑文"中的村东口墓碑墓志铭。

图1-26 大庙正殿墙上所刻文字

②潘祁山

清代中期，村里有个叫潘祁山的富商，被誉为当时晋城县四大财主[1]之一，他为村中院落建设做了很大贡献，潘家大院便是其主持修建的。相传潘祁山在阳城县看好一座山，山上树木非常适于建造房屋，潘祁山便买下了整座山，山上树木都被完好地整棵运回石淙头村。从现存建筑的梁柱等木构等也可看出当初建造时选材之精良。

③潘启瑞

据潘家后人潘廷珠讲述，潘家在民国时期有一个人在村中积德造福，名叫潘启瑞，很有名望，在很多房屋土地出让时被双方请做"同中人"。在宫低院发现的地契中就记录有"潘启瑞损银十千文"，"潘启瑞原买到下院老大门一对，以后永远不许便卖，同心情愿，恐口无凭，立合同明白字为证"。在东头院的房屋转让字据中有记载，"立永远杜绝死契明白文字人张门耀氏，因正用不便，今将自己祖遗东头院东北房……人行道路水流，

---

1 据张秋霖老人（生于1937年）回忆，另三位财主分别被民间称为"关祁山、范镇山、樊金山"，但无证可考。

各照古县出入通行,央中说合,情愿永远出卖死与王维霖为死业……同中人:樊锦云、樊泰亨、张达泉、潘启瑞、潘裕林、王珍宝……"作为村中的名门望族时常造福村民(图1-27)。据张同来(生于1939年)讲述,潘启瑞为人耿直,爱打抱不平。

④潘小法

据潘小法的儿子张同来讲述,潘小法的父亲叫潘广元,潘广元和潘启瑞是同一辈潘家子弟。张同来被潘小法送给自己的伙计做儿子后便改姓张,以后为潘家做长工,这反映民国时期潘家在石淙头村势力的减退。据张同来讲述,潘小法在抗战时期营救过一名八路军战士,将其藏在观音庙中,潘小法每天为战士送饭,最后顺利地将他送出了石淙头村。这位八路军战士日后一直与张同来保持着书信往来,并与张同来以兄弟相称(图1-28)。

⑤潘礼

采访到的大部分村民都会自豪地提起该村在20世纪中期的一个名人:潘礼。潘礼原名潘存太,是村中大户潘启瑞的儿子,曾担任晋南永济县(现隶属于运城市)的公安局局长。出身名门并官职加身,使潘礼至今都被石淙头村民所称赞。可惜潘礼的儿子小时候体弱多病去世了,无法追溯其详细生平。

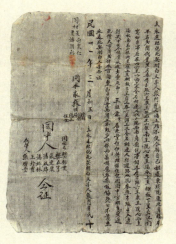
图1-27 东头院房屋转让字据

图1-28 抗战老兵书信照片

(3) 关于潘氏祖坟的传说

最初，潘家的祖坟在一个叫做"蛇盘兔"的地方，后人把坟迁到了村东头的猪头山，相传这个形状似猪头的猪头山风水很好，村里曾出现的地方官员也被百姓归因于好风水，后来风水被破，村里不仅没有出过做大官的，连潘家在河南的生意也受到影响。据见过遗址的村民讲述，猪头山上潘家的墓地仿主人生前的宅邸建造，四大四小呈梅花状排布，很有讲究。现在猪头山上已几乎找不到潘家祖坟的遗址，在石淙头村下属的山场坡村中发现的一些房屋的基石和厕所的茅梁等，便是附近村民从猪头山上的潘家老坟拆毁而来。

潘家人听从南方来的所谓"看地如筛"的风水先生的教唆而把坟地迁到了马道，原本以为谐音"马到成功"是好彩头，可是岂知马道又意"马上倒"，于是生意更加潦倒。潘家人终于把坟地搬到了距石淙头村约8里地的崇上村，取"冲上"的寓意，潘家人意图"向上冲"，让潘氏家族东山再起。

2. 樊氏家族

村里流传这样一句话："前山高来后山低，不旺掌柜旺伙计"，说的就是潘家大院前后的南高北低的山川形势。虽然只是一句迷信的流言，但是确有世代做潘家伙计的樊家人后来的崛起。

据樊家后人樊锦哗回忆，樊氏家族从李寨乡的秋泉村迁到石淙头村，迁到石淙头村的具体时间不详。樊家世代主要以农耕谋生，生活穷困，因听闻石淙头村的风水好而迁来此地。虽然是贫苦农民出身，但樊家在逐渐兴旺后也为村里做了不少贡献，大庙戏台上碑文记载有："王朝后□永兴樊君槐树一株早□已施入社"。在小庙的碑文中也记载有："樊公施银五两 又施土圈地一块 粮银六分"。现村中樊家年龄最大的老人是樊锦哗，他参加过抗日战争，曾担任民兵队长，1953年加入中国共产党，新中国成立后为石淙头村民工作。

据老人讲述，樊家在石淙头村一开始并无自己的老房子，都是通过后人赚钱购买潘家人的房子。樊家有一名先人，名曰樊凤歧，樊家后人所居住的房屋大都为其所购置，樊家后代耕种的土地也是其在民国时期买下的。在樊家后人樊锦哗老人家发现的土地买卖字据中写道"立揭业文字人刘拴羊，只因手中不便，今央中说合，揭到石淙头村樊凤歧名下，高钱十五千文。证同中言明，此钱揭在尖窊地二亩半连四段，大横头地，二亩一段，小岭口地一亩半两段，其地各有四至：上下土木石相连……民国三年十一月廿五日"。樊凤歧为樊家子孙后代的生活奠定了良好的基业（图1-29）。由于樊家是在潘家之后迁来石淙头村并始于做伙计的营生，故其家族鲜有出名的人士。据樊家后人樊东路（生于1952年）讲述，在土地到户时期，潘家老房被分给贫苦百姓，分给樊东路的院子便是潘家大院兄弟院中的影壁院。

3. 王氏家族

"潘、樊、王"是村中曾经繁盛的三大家族。村中现已无法考证村中王氏家族的历史，村中现有的老建筑只有一幢是王家人留下来的，现今的村民也无法找到王氏家族的后代（图1-30）。

4. 张氏家族

一百多年前在石淙头村安家的张氏家族在这片土地上逐渐发展自己家族的根基。张姓人在石淙头村已繁衍流传到了第七代（图1-31）。据张家在石淙头的第四代张秋霖老人讲述，张氏家族是从南岭乡迁到石淙头村的，第一辈人张五论为潘家打长工，做伙计。通过棋盘院堂屋花梁可知张姓人后来靠着自己种地

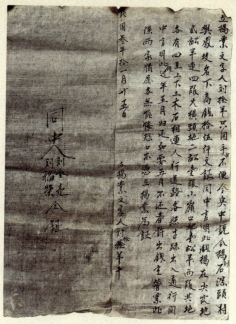

图1-29 樊家买房字据

图1-30 王家老房入口处

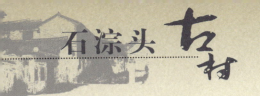

山｜西｜古｜村｜镇｜系｜列｜丛｜书

图1-31 村中张家老人及其老伴

攒钱买了潘家的院子，而当时正值潘家生意没落，资金链的中断使得院落的前屋没有建起来。

虽不及潘家对村子的肇建之功，张家对村子也有一定贡献。据张家后人说，在明末就有一位名叫张东和的老人在村民中很有威望，他经常为古村的建设献计献策。大庙正殿石碑文记："张公同二三有为，竭力捐资，村众亦勇"（图1-32），可见张姓人在清朝时兴起。现村中最年长的张氏老人张秋霖（生于1934年）能回忆起张氏"万、邦、聚、齐、春、恒、同、长、士、国"这近十辈人的姓名家谱，以微见著地给我们呈现了张家的发展。

图1-32 大庙碑文照片

四、非物质文化遗产

石淙头有着自己独有的文化活动和民俗风情,徜徉村落间,就像《泽州府志》记载的那样:"耕田而食,凿井而饮,日出而作,日入而息,果其有异时乎哉!"这虽不是针对石淙头村的描述,但本村的民风民俗也与此相当(图1—33~图1—35)。经过漫漫历史的洗礼,大浪淘沙,在石淙头村留下的非物质文化遗产是后辈人值得继承和珍视的财富。

图1—33 放牧农民

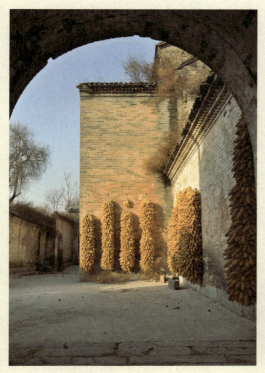

图1—34 硕果累累

图1—35 下官上院正门

1. 上党八音会

上党八音会是流行于上党地区的一种传统的曲艺形式。石淙头村也有自己的八音会乐队,婚丧嫁娶中都可以看到八音会的表演(图1—36、图1—37)。所谓"八音"是指"金(铜)、丝、石、竹、匏、土、木、革"这八种能够制作各类乐器的材料。据辞海所载,这八种材料是中国古代对音器的统称,八音会也是由此而得名。

石淙头村的八音会成员樊东路说,八音会是村里自发的群众组织形式,它活跃在民间各种娱乐场合,起着相互帮忙和助兴的作用。村里有结婚、迁居、寿辰、周年就要吹打一番,称之为"闹房"、"暖房"和"庆寿"。有些地方死了人也请八音会去"闹丧"。

八音会的打击乐为"武场",吹管弦乐为"文场"。武场所用乐器有老鼓、板鼓、挂

图1—36 婚礼场景

图1—37 婚礼上的八音会

图1—38 村中八音会的乐器

板、大锣等。文场所用乐器有唢呐、小嗨、笙、竹笛、胡胡等。除了婚丧嫁娶的场合，八音会也会在节日表演等时刻出现（图1-38）。

2.祭祀庆典

每年的农历六月初六，村里都会举行庙会，全村人都去大庙祭拜祈福，这是从清朝时流传下来的习俗，也是石淙头村最重要的庆典节日之一（图1-39）。祭祀是为感谢大庙里供奉的龙王爷为村里带来的恩典，并为来年祈福。祭拜礼也被村里人约定俗成地称作"谢老爷"，从名称里能体会到石淙头村民祭拜的虔诚。

村里人对庙会祭祀的重视还体现在对供品的要求上。每年祭祀，村里都会集体杀整只猪或整只羊抬去大庙上供，每户人家单独的供品也不可免，且必须准备整数斤的肉，不能有余两数。烧的纸也有独特的讲究，人们会准备粉、绿、黄、紫、蓝五种颜色的纸，每种五张共二十五张。烧五彩纸象征给"老爷"换新衣，另烧黄色的纸象征给龙王爷烧黄金。点香烧纸后，村民们叩首行礼。虔诚的村民用自己的方式庆祝与祈福。樊家后人樊锦晔老

图1-39 大庙遗景

人说，若是大庙求雨不成，村里的几个领头人便去阳城的九女台求雨，因为九女台是龙王爷迁徙的新家，而求雨三天后，村里必定会下雨。这种说法很具传奇色彩。

另外一项重要的祭祀在每年春节时候，村民以家庭为单位到观音庙烧香祭拜，以感谢观音对村民的庇佑。关于给观音菩萨的贡品，村民也有自己的讲究，如上供的肉必须是整数的斤两数，上供的馍要做成猪或牛等动物的形状，以表达自己的虔诚和对来年富足生活的祈望。

3. 泽州秧歌

泽州秧歌是一种戏曲形式。唱"秧歌"的习俗是在民国时期才开始流传起来的，在"文革"时期才不再有。每次祭祀结束后，村民就在大庙院子里放鞭炮，之后便是戏台上精彩的秧歌表演了，人们坐在大庙院子里东、西厢房里观看戏台上的表演。舞台上的人穿着红衣帽和大布衫，因为不允许女人登台表演，台上唱戏的都是本村男子。村中有许多男扮女装演得极好的人才，流传有五位唱戏的名角："王保、张保、樊保、张群、潘群"，更有俗语："三保两群，离了不行"。精彩的秧歌配上八音会的演奏，便是石淙头百姓最喜爱的表演。热闹的庙会秧歌经常唱到天明才散场，可想见当时的火热场面。从留存的秧歌戏本也可看出，被当地人称作"秧歌"的这种戏曲形式是当地宝贵的文化遗产，《小姑贤》、《断桥亭》等曲目仍被村中一些老人津津乐道（图1-40）。

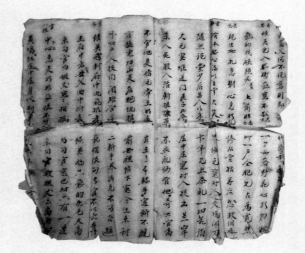

图1-40 秧歌戏本

4. 面食文化

（1）祭祀面点

村民在祭祀时上供的面食中有一种被称作"油圪玛"的面点。"油圪玛"在上供时堆在两个盘子中，盘子对称摆放在供台上，金灿灿的颜色给祭祀场合带来一种吉祥的祈愿。除了上供所用，"油圪玛"是婚礼或节庆日子必不可少的一道面食，现在一些人家也会自己做来家常吃。

每逢节日祭祀时候，各家还会做枣糕来上供神灵和祖宗。枣糕有大有小，据村民李斗政（生于1951年）讲述，春节时大庙上供的大枣糕由许多枣糕堆叠起来，高1米左右，由于对人力物力要求很高，所以现在村民很少做大枣糕，小枣糕则在平时的喜庆日子里做来吃（图1-41）。

图1-41 小枣糕

（2）煎饼

走访村户人家，发现许多村民家都有铁制的"煎饼熬"（图1-42）。"煎饼熬"口径约20厘米，用来做本村特色的小米面煎饼。小米面煎饼色黄味香，柔软可口，是村民三餐的主食之一。也有村民用较大的"煎饼熬"做大的三合面煎饼，和正宗的山东大煎饼并无二致。原来村里人有自己做煎饼的习俗，很多人家有煎饼熬。自家的前院就有磨面碾米的工具，不用出门便可得到食材；也有供铁、石、木匠居住的房屋，以前村中便自己打制大、小磨、烧馍熬等来做馍馍、滚面等面食（图1-43）。

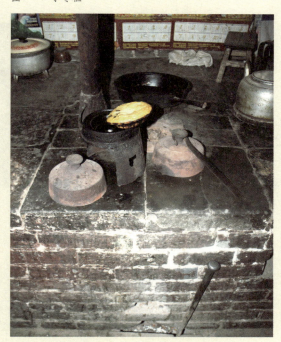

图1-42 "煎饼熬"

潘家的昌盛带来了自给自足的院落生活方式，也使得村民能足不出户便做出种类丰富的面食。本村特色的米面煎饼是山西居民的常食之物，也有高低档次之分，风味独特（图1-44）。本村还有特色的年糕，外焦里嫩，口感香甜（图1-45）。

图1-43 磨米面的石磨

图1-44 小米煎饼

图1-45 年糕

图1-46 村民节庆时制作的花馍

(3) 手工花馍

村中每逢节庆和祭祀典礼时，妇女都会制做样式繁多的花馍来庆贺。石淙头村民把这些花馍叫做"耍活"，除了上贡外还给小孩子玩乐之用（图1-46）。制作花馍的材料除了白面还有许多"画龙点睛"的修饰性物件，如山楂、绿豆、黄豆等（图1-47）。

花馍以小动物为主，还会制作"枣糕"等，"枣糕"有大有小，在春节时是每家必备的食物，还可以储存到元宵节时吃，体现吉祥的意味。

(4) 家常面点

石淙头村民以面食为主，因为周边盛产小麦、小米、玉米，村民常将小麦、小米、玉米碾成面作为主食。村民们一天的生活是从简单又平常的面食开始的，一种被当地人称为"炉面"

的面食深受老少村民的喜爱，佐以青菜，便是富有营养又令人满足的一餐饭（图1-48）。

节庆的日子，有做工较复杂的一些面食，如油圪玛、油馍等（图1-49）。石淙头村民春节时通常吃年糕，农妇们都会自己做各种馅的年糕，在过节时讨个喜庆的彩头。在宴请村民的农户家中，我们发现主人把饸饹面分给村民让其带回自家吃，有时给的分量足够一家人吃好些天，体现了石淙头村民的热情和淳朴（图1-50）。

图1-47 制作过程

图1-48 老人的"炉面"午餐

图1-49 油馍

图1-50 饸饹面

5.人文情怀

耸立的山,古朴的景,孕育着有秀雅的人,石淙头村不仅在古时候被描画得文采熠熠,现今也留有许多才学之士的赞颂之词。村中张斗学老人自创的一首打油诗颂扬家乡,"我们的村四山有四象:东有金鱼跳出水,西有金猪拱过墙,北为金龙南为凤,龙凤二山呈吉祥。有了这样的好风水,才引来了金凤凰,来了能人潘祁山,营修建造潘家堂。潘家大院十几院,院院形状一个样。墙皮足有一尺六,四大八小挺相当,冬天暖和夏天凉,伏天你在北屋睡,盖上被子睡得香。"这首诗语言简练,风趣地从地理风水、建筑形制、人物等方面介绍了石淙头村,生动地体现了石淙头村的个性特点,字里行间更是体现了村民对这座古村落的热爱。村中像张斗学这样热爱诗书文化的人还有很多,我们在樊家老屋中也找到了风格清雅的字画(图1-51)。

村民注重文化素养可追溯至清朝时期,潘家虽然以商起家,但十分重视对子女的教育,村中大院中设置有"书房院",潘家又请名师教授子弟,终使得潘家后人很好地继承

图1-51 樊家老屋中悬挂的字画

图1-52 潘家郭姓师傅墓碑

家业。在金猪山上发现的潘家郭姓师傅墓碑也说明潘家重视教育的悠久历史（图1-52）。

石淙头村民家乡村落充满了自豪感，也非常喜欢研究村落的历史文化，农闲时光，村民经常会聚集在一起话谈村子的过去和现在（图1-53）。

图1-53 采访时村民在讨论村的历史

6.节日庆典

（1）元宵节

每年元宵节，村民都以自己独特的方式进行庆祝：村民去大庙"谢老爷"行祭拜礼是必不可少的。本村特色的"二鬼拌跤"活动至今仍为许多老人津津乐道。源自清代的踩高跷表演也是精彩的节目。高跷，俗称"拐子"，由舞者踩在木跷上表演，是山西普遍流行的社火形式。木跷高度不一，一般为四、五尺高，低至一尺多，高达一丈五尺。高跷有文高跷、武高跷之分。文高跷用弦乐伴奏，边走边舞，变换各种队形，在街道上表演。舞者有的化妆为戏剧人物，内容丰富多彩，不拘一格，既表现历史故事，也表现现代生活。

元宵节村里最隆重的当属"送灯"习俗，据樊东路老人回忆，村里原有八盏花灯，每盏灯的周长有一米多，因有八个角故名"八角宫灯"。八盏大灯在元宵节那天点起，灯上罩有红绸缎以示喜庆。可惜毁于"文革"时期。通过老人对花灯精美制作的描述，村民的心灵手巧可见一斑。山西民间还有将白面馍切片，油炸蘸盐而食的习惯，俗称"吃油馍"。油炸元宵，过去多见于巨商大贾之家。元宵入油锅易爆，当地有油炸元宵要"放气"之说。元宵入油锅先沉后浮，浮起后，立即用漏勺拍压，使之"放气"，可免爆炸。

（2）添仓节

农历正月十九是村里一年一度的添仓节。传说每年正月十九这天阎王爷会派身边的"小鬼"来为老百姓"冲瘟"，即保佑老百姓一年之中不得瘟疫。届时村里面最热闹的节目是走家串户的唱戏表演。若干村民装扮成阎王爷身边"小鬼"的样子，在八音会的伴奏下挨家挨户上门表演，全村上下，老少同乐，消灾祈福，不亦乐乎。

据曾经参与表演的张作龙老人讲述，演员中有一个"大鬼"和若干"小鬼"，"大鬼"穿着纸糊大篓子，四周的"小鬼"们穿着大官帽和大衣袍，一行"大鬼"、"小鬼"进到村民家里唱戏跳舞，很是热闹。表演结束后，主人会在自家门口处摆上一对馍馍，演员约定俗成地拿走馍馍当做是对演出的犒赏。

7.扬场打麦

每年一度的打麦，扬场是村里的大型集体活动之一。村中原有八处晒麦子的场，数家人共用一个场晒麦子。现在穿走于村中，也能在收获季节看到每家门前晒的麦子。听潘家后人潘廷珠讲述当时的景象：地上洒好土后，将粮食放到土上，下雨打湿以后将其压实，待粮食和土豆干了以后就开始碾场，场中心的穿行碾和石磨由牛马等牲口拉行。在拉碾时，为防止粪便掉落，牛身上还拴上盆子，是较有民俗气息的热闹景象（图1-54）。碾完麦子后便是全村热闹的割麦、晒麦、碾麦、扬场等活动，有着悠久农耕传统的石淙头村现在仍有部分村民进行扬场的活动（图1-55）。

图1-54 穿行碾

图1-55 割麦场景

【第二章】

石淙头古村的空间格局
KONGJIAN GEJU

山|西|古|村|镇|系|列|丛|书

一、村落的选址

1. 得天独厚的自然条件

石淙头村位于较为平缓的龙王山南坡之上，背山面水，群山环抱（图2-1）。其北靠龙王山，南对凤凰山，东有金鱼山，西临猪头山。长河从西南流来，经过村东，将石淙头村环绕大半后，向村北流去。

石淙头村气候适宜居住。当地为温带大陆性季风气候，四面群山可以引导风向，形成四季良好的小环境。在冬季，北面的龙王山阻挡西北风保持气候相对温和；在夏季，东南风从南面凤凰山"两翅"间的山谷穿过，为村庄降温。长河和泊池在夏季又为村庄送来了清凉的水源，供人们消暑降温。

图2-1 石淙头村鸟瞰

人类生存离不开充沛的水资源，很多古村镇都会因河而建。流经的"长河"为石淙头村提供了最基本的生存条件。"长河"是石淙头村耕地的灌溉水源。村中开挖有两口水井（图2-2），古井的建成时间不得而知，新井在20年前开始使用，是村民日常生活水源。龙王山西面绝壁下有一清池，名为老龙汶，又叫泊池（图2-3），山中溪水源源不断地注入池中。传说池中之水从不干枯，甚至三年大旱时期，周围村庄的居民皆来此挑水。不枯竭的老龙汶为村庄的水资源提供了天然保障。老龙汶南面有一道瀑布，现已干枯（图2-4），瀑布将环绕村庄的长河与老龙汶相连。

民以食为天。是否有优质的耕地是一个地方是否适合定居发展的重要因素。石淙头村所处地域，交通不便，相对闭塞，在明清或更早的时期，很难与外界频繁进行大量的食品交易，因此农业以及畜牧业自给自足显得尤为重要。石淙头村附近丘陵与平原混合，平原面积广阔，尤其是村庄东北部，地势平坦、开阔，土地肥沃，并且有长河穿行其中，为灌

山|西|古|村|镇|系|列|丛|书

图2-2 古井（左）与新井（右）

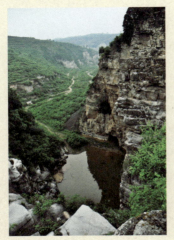

图2-3 老龙汶（泊池）

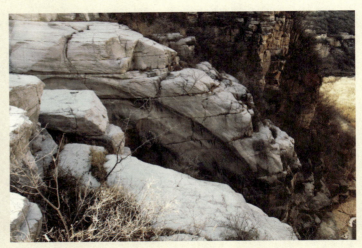

图2-4 瀑布

溉提供了便利条件。同时，石淙头村四面丘陵延绵缓和，陡坡较少，植被茂盛，为当地以羊为主的畜牧业提供了天然放牧的牧场。

这些得天独厚的自然条件铸就了石淙头村优质农业聚落的特性。

2. 天人合一的风水

（1）风水因素对村落选址的影响

通过对石淙头村周围自然环境的观察，我们发现石淙头村所在的场地十分符合中国风水学中所说的"风水宝地"（图2-5）。

图2-5 石淙头村周边自然环境

根据晋朝学者郭璞在《葬书》中对风水的定义[1]来看，古人在寻找风水宝地时，会寻找一个群山环抱、碧水流经之地。所谓"群山环抱"，要求前有朝山，后有靠山，左右各有护山。石淙头村四面的山体，避免了外界的风将场地内的"气"吹散，使"气"得以汇聚。长河将村落南侧、东侧包围，泊池和瀑布将村落西侧围住，这一水系将村落包围，"气"不会流失，同时也为"气"的产生提供了重要的来源，此为"藏风聚气"。

场地四方的山势称四势[2]，以左为青龙，右为白虎，前为朱雀，后为玄武。四势在形态上也各有要求[3]。石淙头村南面的朱雀山，由两峰组成，犹如展翅的凤凰，故曰凤凰山。两峰为四面山峰中的高点，山峰植被茂盛，秀丽有致，正符合"朱雀翔舞"之势。北面的玄武山，当地人称"龙王山"，其南北两坡都较为平缓，南坡为村落的所在地，北坡是宽广的田地，虽有坡度，但延绵平缓，正符合"玄武垂头"。东西两面的护山分别为

---

[1] 《葬书》云：葬者，乘生气也，气乘风则散，界水则止，聚之使不散，行之使有止故谓风水。
[2] 《葬书》云：地有四势，气从八方。
[3] 左面的青龙山要弯曲有致，谓之青龙蜿蜒；右面的白虎山要向场地的中心弯曲并且头朝向外面，称之白虎驯頫；前面的朱雀山要尖各高耸，山峰秀丽，为朱雀翔舞；后面的玄武山的山坡要绵延而下，就是玄武垂头。

图2-6 石淙头村周边资源

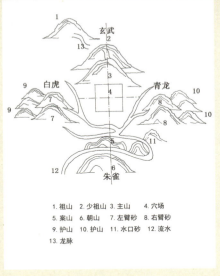

图2-7 理想风水示意图

青龙、白虎。东面的青龙山因其山势弯曲,形似一条鱼身,两段缓坡犹如鱼尾,加上山上有一口水井,好像鱼眼,故得名金鱼山。金鱼山绵延扭动,正符合"青龙蜿蜒"。西面的白虎山,从北侧弯曲而来,到达场地时,山势又向西侧拐走,正如白虎的头朝向外面,与"白虎驯頫"不谋而合。

　　石淙头村的外部空间正是古人推崇的风水极佳之地。追其根本,可以发现其周围环境同样符合现代科学道理。四面有水包围,这无疑为村落提供了必备的水资源,滋润场地中的植被和生命,使生命可以在此延续。南面正对的凤凰山山峰秀丽,形态优美,景色极佳,并且有吉祥的寓意,为村民提供了心理寄托。村落所在的龙王山,山势平缓,这样的山势减少了房屋建造平整地的土方量,并且平缓的山势在降雨时避免了泥石流的发生,使房屋可以屹立在这里百年而不毁。两面的护山,又为村落提供了天然的屏障,使村落处在一个围合的空间中,为人们提供一个心理上的庇护所。因此石淙头村有歌谣云:"东有金鱼跳出水,西有金猪拱过墙。北为金龙,南为凤,龙凤二山呈吉祥。"

(2)"四有之风水"

　　石淙头村中流传着这样一段话:"北有白龙吐泻,南有凤凰展翅,西有三角马场,东有群山夹月。"故此为四有之风水。这里的村民讲述了这样一个传说：石淙头的先民们最初来到在里时，见到南面凤凰山鬼斧神工般的奇观，认为其预示着吉祥；见到北面的小山，山石中有水流出，水到山脚与一条长河相汇，认为这种景象是祥龙吐水之奇观；山下的河边有一块三角形的平坦的岩石，河岸的泥土上有清晰的马蹄印，因此这里名为三角马场（图2-9），先民们认为马是最富灵性的动物，因此能将马吸引来的山水一定蕴含着极好的风水；再加上夜晚月亮从东面

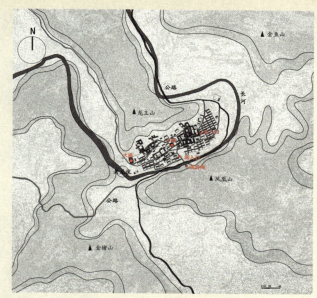

图2-8 石淙头村周边环境

图2-9 三角马场与宰猪郭

的两山之间升起，形成群山夹月之奇观。先民们认为这块土地四方风水皆佳，故选址于此，大兴土木，世代在此繁衍生息。

虽然现在长河河道由于上游兴建水库断流，但村民所说的四有之风水依然可以清晰地辨识。在瀑布上，现在可以明显地看到被瀑布冲刷的岩石光滑圆润，并且河床的岩石整体被冲刷出一条深深的沟壑（图2-10），可以推断这里的水量曾经十分充沛，而且水势很急。据当地人称，旱季时长河断流，岩石中有两个水孔向外流水，犹如龙鼻，当地人称此景为龙鼻出水。因此先民们认为此山下住有龙王，有龙王的地方，必有丰沛的水源，是理想的居住地。在绝壁上盖起龙王庙，在瀑布和长河交汇处的高地上建"看河亭"。可以看出龙王山中的龙王对村中人的意义之重大。

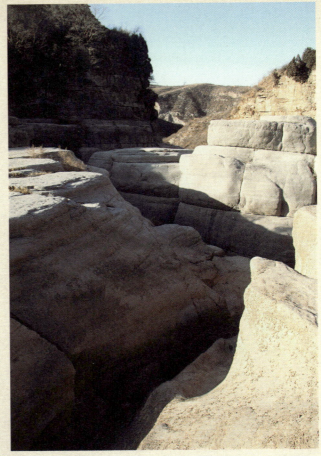

图2-10 长河对岩石的冲刷痕迹

（3）风水的改变

石淙头村的风水并不是一成不变的。关于石淙头村的风水更改，当地流行着如下的传说。潘家家族事业鼎盛时期，百姓们纷纷流传："因石淙头各方风水皆佳，故潘家家族繁荣昌盛，商号发达、子孙仕途顺利。"这个说法传到了相邻的河南省的几个村内，他们也看上了这里的好风水，便想方设法破坏这里的风水，希望改到自己那里。他们派去了几位"风水先生"，先是对潘家大院的选址做一番批评，又进一步编造了几个所谓的弥

图2-11 宰猪郭

补方法。他们的借口为:"由于猪头山面对着龙王山和泊池,猪头山上的金猪会从山上前来喝龙王山里的水,从而伤及龙脉。如果在猪头山和龙王山之间建一个圆圈形的小城郭,并在城郭内设宰猪台,从而吓退猪头山中的金猪,这样就可以保住龙脉不受伤害。"潘家的人听信了这些人的劝说,在自己的家业中四处增改,其中包括村子西南的宰猪郭(图2-11)。但后人称,这样做反而将龙脉中的气镇压,正是他们所说的伤及龙脉的做法。另外,他们让潘家人在潘家大院中修了一座塔(现在这座塔已经坍塌,并盖上了新的建筑,具体位置已经很难考证),而这座塔犹如鱼钩,将金鱼山中的金鱼刺死,破坏了东侧金鱼山的风水。同时又建造了二仙奶奶庙压住鱼头、黑虎庙压住鱼尾,从而将金鱼山的风水完全破坏。河南人建议,在凤凰山两翼之间的凤头位置,修建一座观音庙,压住凤头的气,彻底地破坏了凤凰山的风水。这当然仅是传说而已,不足为信。

二、村落格局

1.总体布局

石淙头村四面环山,沁水的支流长河流经这里。整个村落因山势而建,形成西高东低的格局,村中的一条主要道路潘家街贯穿村落东西,潘家大院沿潘家街的南北两侧而建。

王家街、樊家街将潘家大院周边建筑相连接。村落中部的小庙将村落分为东西两部分，东边的称东头院，西边的称西头院。村中现存两座庙，一座为大庙，或称龙王庙，内部曾装饰华丽，为重要的公共建筑。另一座称小庙，内部现保存有多块石碑。另外，村落南面的凤凰山下，有一座观音庙。村落西面的泊

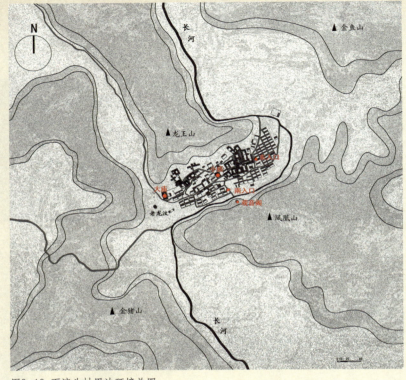

图2-12 石淙头村周边环境总图

池与瀑布上下曾修有看河亭和围墙，供人欣赏水景，可惜已经被毁（图2-12）。

2. 空间肌理

  石淙头村最具有研究价值的建筑群为潘家大院（图2-13）。潘家大院的空间肌理构成石淙头村重要的空间肌理框架。通过对潘家大院虚实空间的对比分析，我们可以发现，由建筑占据空间构成的实体空间小于街道、空地等构成的虚体空间。虚体空间比例较大的主要是因为石淙头村中曾设多处"场"，用于粮食加工，这些空间与规模不是很大的石淙头村相比，就显得其虚空间很大。

  潘家大院分为东西两个相互较为独立的部分，形成两个组团。可以发现，两个组团内部实体空间的分布较为集中，这意味着院落之间的联系紧密，私密性强。这样有利于大家族内部的发展与联系，同时加强了对外的防御效果。东西两部分在潘家街上的投影相距60

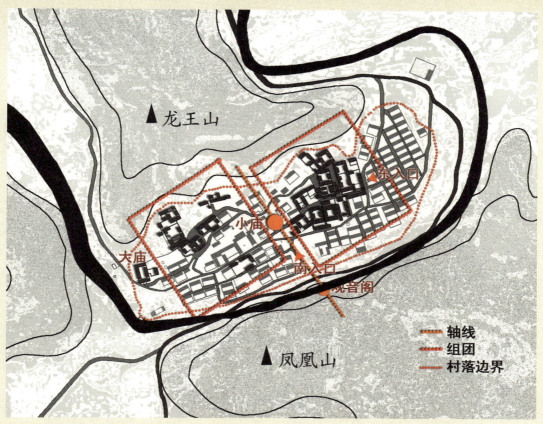

图2-13 空间结构分析

余米,并大致以小庙为中心,小庙正对建在南面凤凰山凤头位置上的观音庙,形成明显的对位关系。这种对位关系在整个村落的布局上更为明显,如果将庙门正对的小庙和观音庙相连,产生一条轴线的话,会发现这条轴线将石淙头村分为东西两部分,同时凤凰山形似展翅双翼的两座山峰也恰好在轴线两侧。石淙头村这样的布局使得东西两个组团彼此分离,因此产生了很大的开敞空间。这种平面上的对位关系,同样也体现在空间布局上。凤凰山西侧的山峰较高,东侧的山峰较矮,而村落的东西两个组团分别所选基地的地势也是西高东低。这种与朝山相对位的平面布局在山西的传统村落中较为少见,这种现象不仅反映了村民将面朝的山峰作为重要的心理寄托,同时也说明早期的村落在宏观尺度上,具有总体规划。

从院落之间的关系来看,组织关系错综复杂,空间关系相互交织,和山西其他传统村

落相似，并无明显的几何规划迹象，只是沿潘家街而建，再向南北延伸，顺应地势排布。院落多为两进和三进院，院落之间有较大的高差，从一个院落到达另一个院落往往需要拾级而上。院落之间在平面布局关系上有些地方产生不规则夹角，通过院落围墙将其围合。可见村落的布局更多的是顺应地势，因地制宜。这也反映出当时匠人顺应自然，以追求天人合一的建筑理念。

3.街巷格局

(1) 路网结构

石淙头村的道路格局较为简单。连接潘家大院的道路为潘家街，潘家街分为东段和西段，分别为潘家大院的东部组团和西部组团服务。潘家街东段与樊家街，这两条街道在村落中央相连，从东到西贯穿整个村落，形成一条村落的主干道。而王家街和影壁街相连形成另一条可以贯穿村落的街道（图2-14）。

(2) 道路等级

①主要街道

潘家街（图2-15）在石淙头村所有的街道中最为重要。它从东门起始，连接整个潘家大院建筑群，东西横贯整个村落。潘家街的东段，较为平缓、笔直，最宽处可达7.5米。街道给人的感觉庄重大气，很多宅间巷道与其垂直相交，并在每个交汇处设有拱门，拱门上往往有题字或装饰。潘家街的西段，由于山势起伏较大，因此街道并不笔直，而且存在明显坡度。西段的潘家街更多的是满足使用要求，而缺少装饰。

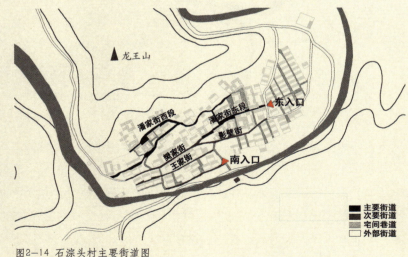

图2-14 石淙头村主要街道图

潘家大院的很多院落都建在潘家街的南北两侧，并随着潘家街的弯折而改变朝向。潘

图2-15 潘家街

家街街道宽，节点众多，便于居住在这里的潘家人相互交流。这样一条变化丰富的街道为潘家大院平添了几分大气、庄重之感。

除此之外，潘家街还有防洪的作用。西段地势较陡，为避免雨量较大时湍急的雨水冲击下方的建筑，潘家街成了重要的泄洪水道。雨水从较高的西侧沿潘家街流下，汇入小庙北侧的泄洪池中。据村中的老村民所说，暴雨过后总有小孩在泄洪池中嬉戏玩耍。

②次要街巷

次要街道为王家街（图2-16）、樊家街（图2-17）、影壁街（图2-18）。这三条街道连接了村落中其他院落。潘家在村中发家后，随后又兴起两个较小的家族，即王家和樊家，因此王家樊家门前的道路就分别命名为王家街和樊家街。影壁街是潘家大院的一条附属街道，位于影壁院、圪垳院、街花院前，并因影壁院前高大雄伟的影壁而得名。这三条次要街道与潘家街一起构成了整个村落的道路骨架。

三条街道沿龙王山的等高线呈东西走向，都较为平缓、笔直，将街道北侧的院落联系起来。宽度都在4米左右。街道空间较为简单，主要满足将院落串联的功能。由于现存除潘家

山|西|古|村|镇|系|列|丛|书

图2-16 王家街

图2-17 樊家街

图2-18 影壁街

院外的早期居住建筑只有一处王家院,并已经残破不堪,因此很难想象王家街和樊家街的沿街立面。

③宅间巷道

再次一级道路是宅间巷道,这些巷道的功能为连接各个大院,方便人们从干道进入大院。这些巷道东西、南北走向皆有,完善村落交通系统。这样的巷道主要分为三种:

a.由各个临近的院落的规划关系而产生的巷道,这些巷道与干道直接相接,方便人流的分流。这些巷道往往延续干道的风格,地面铺装较精细,并且在相交处设有带有题字的拱门。所题之字往往反映了院落主人的喜好,或前往院落的感受(图2-19)。

b.系列院落的公用巷道。比如宫上院的系列院落,由一条拾级而上的公共巷道相连,成为窑底院、下宫上院、上宫上院、书房院与外界相连的共同通道。巷道只有一个入口,由院落的侧立面与围墙所限定。巷道的门楼具有严密的防御功能,为一系列院落的

图2-19 宅间巷道a　　　　图2-20 宅间巷道b　　　　图2-21 宅间巷道c

安全提供了保障（图2-20）。

c. 由建筑外墙切割场地而形成的道路。这类道路由院落间留出的间隙形成，同时加强了院落之间的联系，使路网末端的交通更便利（图2-21）。

（3）街道空间

石淙头村的主干道

图2-23 石淙头村空间节点分布图

较为开敞，以缓解人流，彰显大气。主干道在东西两个组团内又各具特色，以适应地形。主干道上形成很多较为开敞的公共空间，为居民交流、休息提供了便利。宅间道路较为狭窄，两边通过院落的侧立面限定，私密性很强（图2-22）。更低等级的道路更加自由，四通八达。同时多种不同的节点空间使街道空间变化多样（图2-23）。

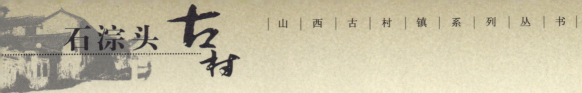

空间	实景照片	尺度	街道剖面	空间评述
狭窄空间		1.8米		此类街道空间多见于宅间巷道中,位于两个并列院落之间,两侧界面由二层的厢房构成。在其中穿行,狭长的天际线,高耸的院墙,以及墙面反射的回音,从不同感官给人以强烈的冲击感
较宽敞		4.2米		此类街道空间多见于宅间巷道,界面由两侧院落的山墙或立面构成。两高耸的院墙遮蔽了一些光线,但由于道路较宽敞,所以并不会给人以压抑的感觉,穿行其中可以近距离感受村落的肌理与味道
一个拱门		3.5米		此类街道空间主要位于潘家街,或与潘家街连接的直路上。一道拱门立在街道当中,拱门上往往镌刻秀丽的文字,这种空间传达强烈的人文气息
两个拱门		8.5米		这类空间位于潘家街上,街道当中耸立着高大巍峨的两个并立的拱门,拱门上方镌刻的文字恢宏大气。这类空间使潘家大院建筑群恢宏威严
连续台阶		3.5米		此类空间主要见于因地势而建了院落之中,作为院落内部联系的通道,比如宫上院中。这种道路由许多级台阶构成,人们在其中拾级而上,经过一个个串联的院落,使空间充满了趣味与多变
逐渐变窄		2.1~5米		此类道路在石淙头的宅间巷道中较为常见,此类空间由较不规则的院落外墙挤压而成,作为必要的院落之间穿行的街道。这类空间变化莫测,忽宽忽窄。给人以幽静、神秘、私密的感觉
一侧二层一侧一层		4.9米		此类街道空间多见于地势较为明显的地方,一侧的房屋见于高处,因此这里的界面为两层的正立面,另一侧的房屋建于地势较低处,只有一层的院前作为街道里面。这类空间在石淙头村中较为常见
一侧坡地		2.5米		此类街道主要位于地势较为明显的位置,一侧为院落,而另一侧没有建房屋,只是一处坡地
由窄变宽		6.8~3.5米		此类街道空间由两条宽度不同的街道连接而成,因此路宽会在结合处形成骤变。此类街道空间在石淙头中较为常见
一侧为窑洞		3.5米		此类街道空间的一侧为房屋院墙,另一侧由窑洞立面构成,多见于有对外窑洞的院落旁,或院落内部窑洞旁
一侧影壁	村中影壁已坍塌	6.2米或2.2米		此类空间主要见于门前有影壁墙的院落前,街道一侧为院落入口,另一侧为影壁墙,这种空间让人有强烈的停落感,并且使街道空间更恢宏

图2-22 街道空间

空间	实景照片	平面示意	空间评述
三个拱门形成的连续空间		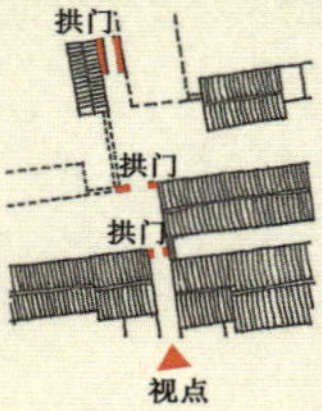 拱门 / 拱门 / 拱门 / 视点	此节点位于潘家大院东部组团中，节点中的一个拱门与墙体均被拆除，通过复原我们可以发现，这里的三个大拱门在街道中呈线性分布，形成南北方向上的视觉通廊
并立的两个拱门形成的恢弘空间		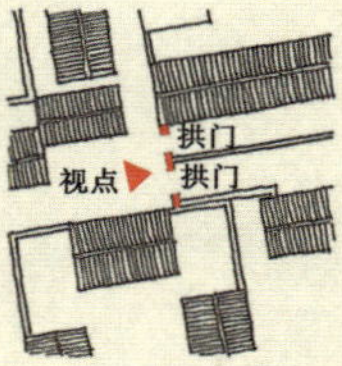 拱门 / 视点 / 拱门	此节点位于潘家大院东部组团中，接到中两个并列的拱门为这个节点中的亮点，巍峨的拱门上悬挂石碑，并由砖排列成"出入相友"的字样，这个空间给人恢弘大气的感觉
院落前带有影壁的缓冲空间	此空间中的影壁已被毁	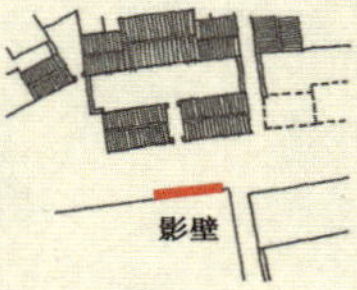 影壁	此节点位于影壁院门前，院门正对的影壁已经损毁拆除，通过复原我们可以看到由影壁和院落入口形成的过渡空间产生了强烈的停留感
三院围合的停落空间		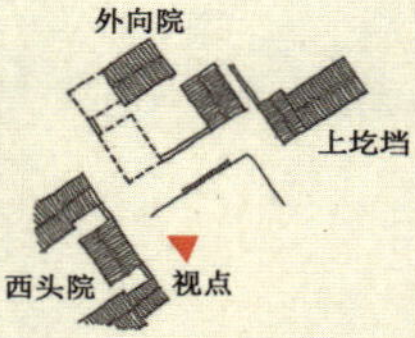 外向院 / 上圪垱 / 西头院 / 视点	此节点位于潘家大院西部组团中，由西头院、外向院、上圪垱院组合构成的围合空间给人停留、交流提供了良好的环境。加上外向院门前的影壁，使这个空间更加吸引人
多条道路交汇处的开敞空间		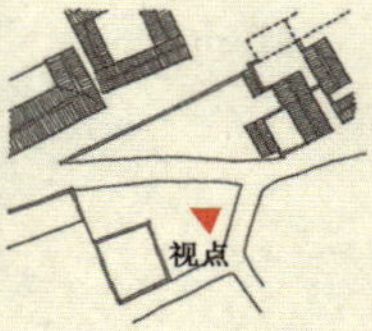 视点	此空间位于小庙门前的空地，潘家街、影壁街、王家街、樊家街皆交汇于此，再加上位于这里的水井、场，使这个处于整个潘家大院建筑群中的节点，成为石淙头村中重要节点
村落入口空间		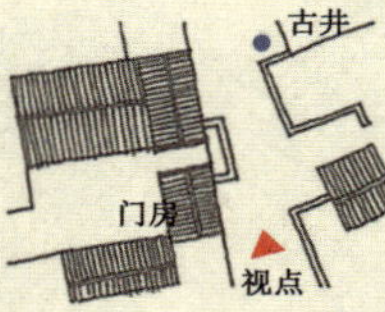 古井 / 门房 / 视点	此空间位于潘家大院建筑群的东侧入口处，入口为带有门房的拱洞，再洞口前带有坡度的街道、连接街道的台阶、附近的古井，使这个节点成为人流较多、来往频繁的积极空间，在石淙头村中位于重要位置

图2-24 石淙头村典型空间节点

(4) 拱门

在石淙头村的街道中，拱门是独特的空间要素。拱门往往位于街道之间的交叉口，有些夹在两个院落的外墙间，有些则是围墙的一部分。村中拱门上往往都有题字或装饰，这些做法不但使街道空间更多变，同时也赋予整个院落群以情趣，并承载了院落主人的心理寄托(图2-25、图2-26)。

另外，村中的拱门多用对位的手法加以建造。如东部组团中，潘家街上三个拱门形成了一个强烈的视觉通廊，将人的视线延长，使街道和院落的整体感更强，也更严密。同样与潘家街垂直相交的一条宅间巷道也运用了同样的手法。

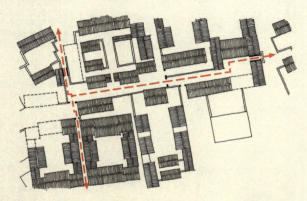

图2-25 连续的拱门形成的视觉通廊（平面图）

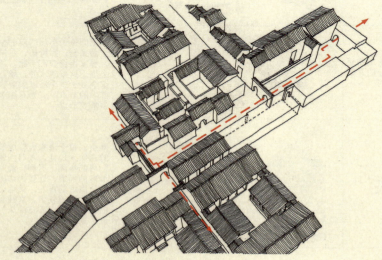

图2-26 连续的拱门形成的视觉通廊（鸟瞰图）

4. 场的空间

以农耕为主的石淙头村，粮食的加工尤为重要。收割下来的麦子要经过晾晒、碾压、分离等工序，这些工序都需要在平坦开阔的空地上完成，这些空地被称作"场"（图2-28）。场的做法很简单，先在场地上铺满黄土，在其上泼水，压实后进行曝晒，形成较为坚固的黄土地面。据村中老人们回忆，石淙头村曾有8个大大小小的场，这些场多设在院落正前的空地上，或院落临近的空地。如小庙前现存一片场（图2-27），影壁院的正门影壁南面为影壁场，东头院（棋盘院）南面为东头场，西头院的西侧、宫上院的南侧为西头场，前头院前为前头场，宫低院旁为宫低场。这些场形状各异，多为并不很规则的几何形状，长宽约在30米至50米。这些场的设置往往不是刻意预留出来的，而是在若干个大院前方或附近，几个相邻的院落外墙所限定出的

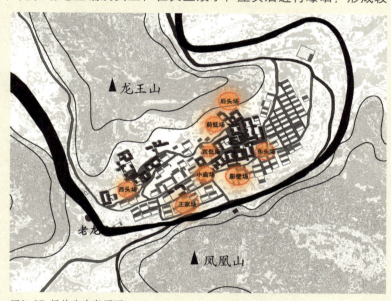

图2-27 场的分布复原图

图2-28 场

消极空间。这样既满足了农业生产需要，又充分利用了空间。

这样具有一定使用功能的开敞空间，在闲暇的时间会有大量的居民停留，人们就在这个场所产生了交流，为这个场所注入活力。交流、停留使这个空间逐渐成为真正的公共空间。在封建社会中这样的空间是少有的，因此公共空间一旦产生，必然会成为整个聚落中的联系纽带，甚至在农忙结束后村民也会依旧沿用这样的功能。

在改革开放后，随着生产力的提升，石淙头村的农民开始利用机械代替人工劳动，场就失去了其存在的意义，逐渐被废弃，并在其上兴建新的房屋。从此，村中老人记忆的"十里扬场"的壮观景象便消失了。

5. 村落整体形态的演变与发展

潘家大院的早期建筑多为自然排布。依山而建的村落格局势必会以山势的起伏为根据，街道的走向决定了院落的大致位置。从花梁年代来看，西部组团的房屋始建年代更早。后建的东部组团，因为家族随后没落，多个院落都没有完全建成。明清时期由于生产力水平落后，因而更加依赖自然条件。可以推断，紧靠"泊池"和"长河"西部组团更适

图2-29 "水打青龙头"

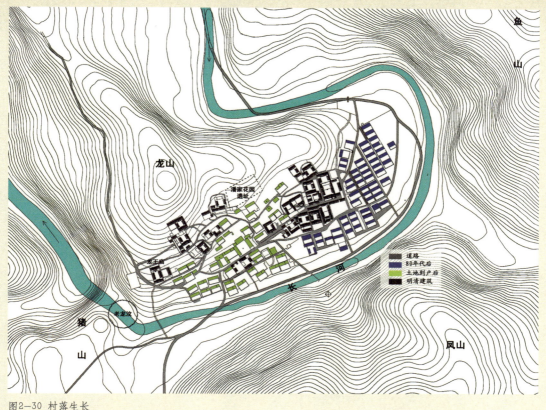

图2-30 村落生长

宜居住，是潘家祖先最初的选址。之后，随着家族的壮大，东边的组团开始兴起。

另外，关于石淙头村的发展还有一种说法。石淙头村背靠龙山，此山西高东低，山体在西端一块高地，颇似龙头。"龙头"之下便是那老龙汊，于是此景被石淙头村的先民称为"水打青龙头"（图2-29），故此处为整个村落中风水最佳之地。我们知道，古人在兴建住宅时往往选择在风水最优处肇建。由此，西部组团中最早的"天罗地网院"印证了石淙头村建造的起点。

20世纪70年代大集体时代开始后，村中开始新建很多新的居住建筑，这些新住宅多在拆除老建筑后的基地上重建，依然沿用老的路网，和遗留的明清建筑的关系依然可见。从1982年开始，东侧的村外又修建了新的居住区，这些新建住宅排列整齐、紧凑，为从老房子中搬迁的村民提供了住房（图2-30、图2-31）。

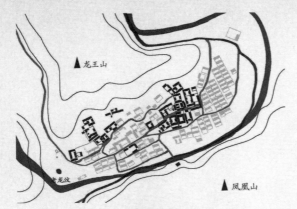

明清时期石淙头村

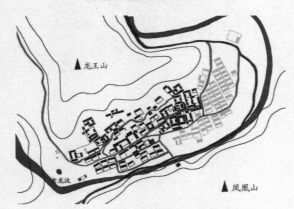

土地到户时期之后石淙头村

1980年之后石淙头村

图2-31 石淙头村生长

【第三章】

石淙头古村的**居住建筑**

JUZHU JIANZHU

山|西|古|村|镇|系|列|丛|书

一、居住建筑概述

1.总体布局

　　石淙头现存的早期建筑主要为潘家大院建筑群。这里现存的明清院落有16处,除一处为王家院,其他皆为潘家大院。大院分为东西两个组团,两个组团相对独立,其内部空间的组织看似自然随意,却存在内在的联系与规律(图3-1)。

图3-1 石淙头村星罗棋布的居住建筑与周边环境

西部组团现存潘家院5处，王家院一处。这部分建成时间较早，正处在潘家鼎盛时期，因此建筑气派，并且建造完整。西部组团院落并不临潘家街，而是在其上地势较高处。西头所处地势坡度大，地形起伏多变，因此院落之间排列并不整齐。各个院落轴线并不统一，院落之间由起伏的巷道连接。

东部组团潘家大院现存8处，主要沿潘家街而建。这部分建成时间较晚，正逢潘家逐渐走向没落的时期，因此有一些院落没有完全建完。同时这部分建筑更朴素，中规中矩。临街院落的正立面与街道平行，后头院和前头院不临街，顺山势向上排列在工字院之后。各个院

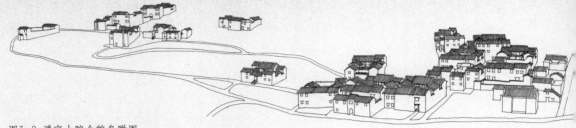

图3-2 潘家大院全貌鸟瞰图

落之间布局较为整齐，院落间随街道的弯折而产生夹角。潘家街北侧的院落间有巷道相连接，巷道的相交位置都建有拱券，使各个院落之间的关系非常紧密，从而形成一片较为封闭的院落群（图3-2）。

2. 院落构成

（1）院落形制

石淙头村中居住建筑以典型的四大八小为主（图3-3），但其中很多院落将传统的四大八小进行变形、衍生，从而使空间的利用更灵活多变，可以适应不同院落主人的不同使用习惯和大胆构想。在以四大八小为主的院落制式基础上，石淙头村还具有其他的院落形式，比如棋盘四院、八卦院(图3-4)。

同时每一个大院的院落组织形式都较复杂，很少采用单一院落的组织方式，而更多地采用串联、并联的方式组织不同的空间，满足主人的不同需求。如在石淙头村很常见的一种院落形式就是以一个四大八小的院落为主院，由主人及其儿女居住，附带一个具有多种功能的院落。附属院落里，窑洞可以养马、养牲畜、磨米磨面，窑洞的上层可以做储藏室，附属院的正房和倒座可以供下人居住，或做厨房之用。主院与附属院之间的联系往往很巧妙，有的通过耳房内的小拱门连通，有的通过楼梯耳房构成的走廊连通。这种组织方法可以使功能更完善，空间更丰富，也将不同类型的院落组织在一起了。

虽然院落的基本制式为"四大八小"以及"四大八小"的衍生制式，但是各院在二层的一些细节之处并不尽相同，表现在耳房处是否有隔墙、是否有拱门、檐廊是否连通等方面(图3-5)。

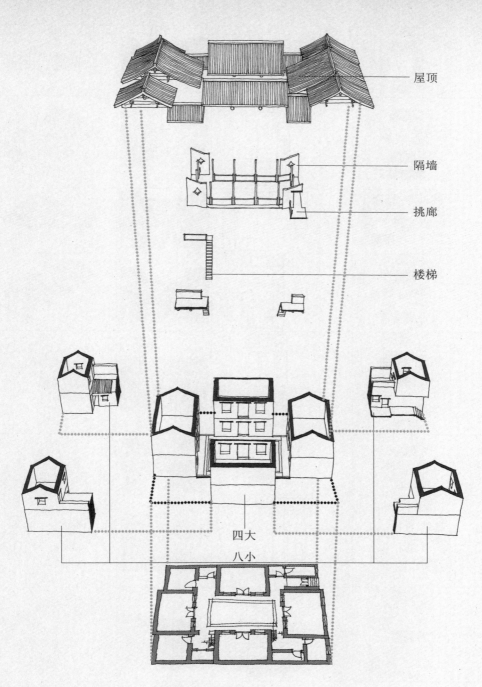

图3-3 石淙头村"四大八小"经典院落格局分解图

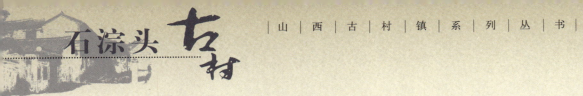

建筑形式	布局构成	代表实例	建筑首层平面	实地照片	轴测图
四大八小		街花院			
衍生A		影壁院			
衍生B		上宫上院			
衍生C		圪垯院			
衍生D		上西院			
簸箕院		外向院			
八卦院衍生		宫低院			
工字院（组合院）		工字院			

图3-4 院落形制

代表院落	院落制式	实景照片	院落二层平面示意	空间评述
上宫上院	无隔墙 无拱门 外廊全部连通		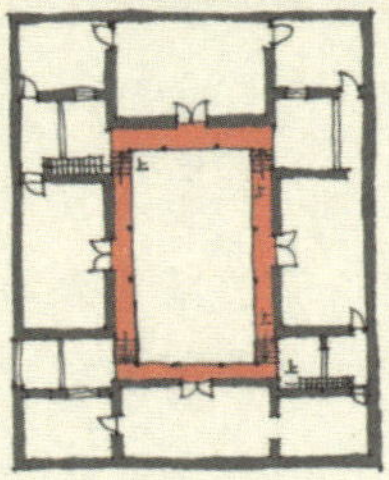	院落的外廊全部相连，但不直接和耳房相连。不设置隔墙与拱门。院落的入口朝西侧，东南角的小房前设有一道用于装饰的木门。楼梯位于东北角和西南角。
下宫上院 后头院	无隔墙 无拱门 外廊全部连通		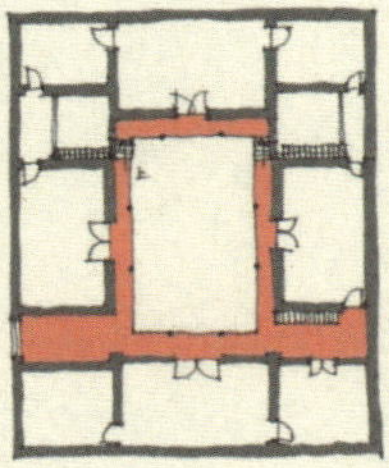	外廊全部相连，北部设置两道有漏窗的隔墙，南部设置两道拱门。入口朝西开。院内设置三道楼梯，分别位于两个厢房北侧，另一道位于东南角。
下院	三处隔墙 一处拱门 外廊全部连通		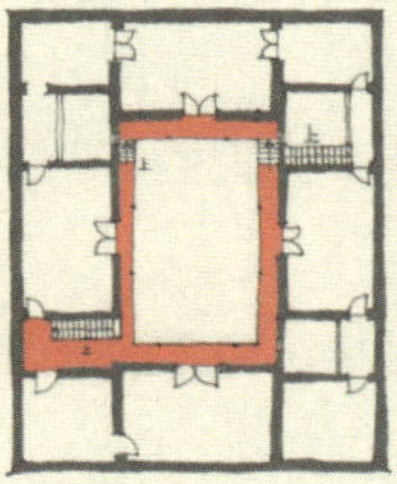	外廊全部相连。入口朝南开。只有西南角的楼梯可以直接连接外廊。除西南角设置拱门外，均为有漏窗的隔墙。
影壁院 圪垯院	外廊不连通 墀头下有拱门		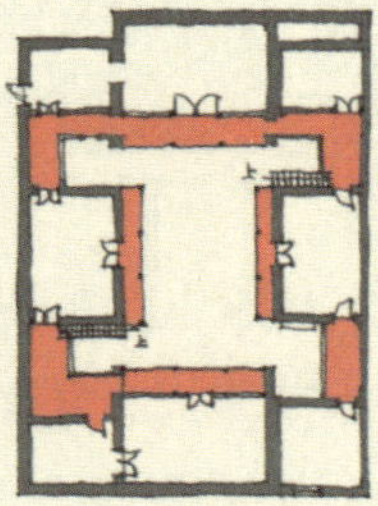	外廊全部不相连入口朝南开。楼梯位于西南角与东北角。东北角的楼梯可以上到正房与东厢房，西南角的楼梯可以上到倒座房和西厢房。
棋盘院二进 外向院 高头院	三合院 有隔墙 外廊连通		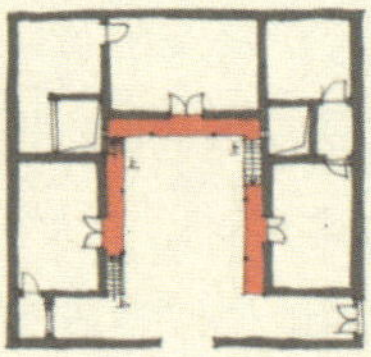	三合院的外廊全部相连，楼梯位于两个厢房前面。正房与其西耳房连通，西厢房与其南耳房相连，东厢房与其北耳房相连。

图3-5 院落内部空间

(2) 庭院空间

石淙头村的庭院空间主要有两种："工"形和"T"形，分别为四大八小院落与八卦院的庭院空间。石淙头村庭院空间的影响因素主要有两个：围合院落的建筑立面、建筑高度与庭院宽度的比例关系。围合院落的立面都大同小异，基本都是实的砖与虚的木材相对比。从建筑高度与庭院宽度比例关系上来看，院落之间也都相差不多，往往横方向上都为1：1，纵方向上为1：1.5。我们也可以看到一些变化，如棋盘院是在八卦院的基础上，在第一进院中加盖一间过厅，可以作为家中的主要客厅。另外在家中举办重要活动时，过厅会成为重要的公共空间。

(3) 入口空间

仔细研究石淙头村的传统居住建筑就会发现，这些或散布，或有序的大小院落存在着众多对比与冲突。首先，潘家宅主所追求的恢宏大气的外部空间与幽静恬然、精巧别致的院落内部空间之间形成对比；其次，不规则起伏山体表面与规则、严谨的"四大八小"式院落构成对比。两方面完全对立的矛盾与冲突，需要营造者采取灵活多变的处理方式。这些别具特色的营造方式与古代匠人们别具匠心的布置，很多都体现在石淙头村各个院落的入口空间营造上。

石淙头村的入口空间主要分为不同层次的三类：①村落的总入口空间；②院落群的总入口空间；③单个院落的入口空间（图3-6）：

①村落的总入口现存只有一处，就是村的东门，以砖石砌筑而成的拱洞入口，上为平顶，拱门上石匾书"峰凝紫气"。入口前有三级台阶，并且与入口前的街道倾斜，在街道的外侧更能感受到入口的雄伟。

②院落群的总入口空间。以宫上院为例子，这个入口是四个独立院落的公共入口，因此具有重要的地位。入口高大雄伟，上方有门楼，可以眺望情况或向下攻击外敌，厚重的大门可以抵抗外敌破门而入，同时这个大门边还设有隐蔽的次入口。这样的大门最重要的作用就是防卫，使门内的多个院落安全有保障。

③单个院落的入口空间更灵活多变。这样的入口往往采用华丽的木雕装饰，在砖石砌筑的墙体上产生不同材料的虚实对比。大门的装饰艺术，不仅仅是一种简单的入口空间的装点，更重要的是反映主人的地位以及审美情趣，甚至精神寄托与期望。

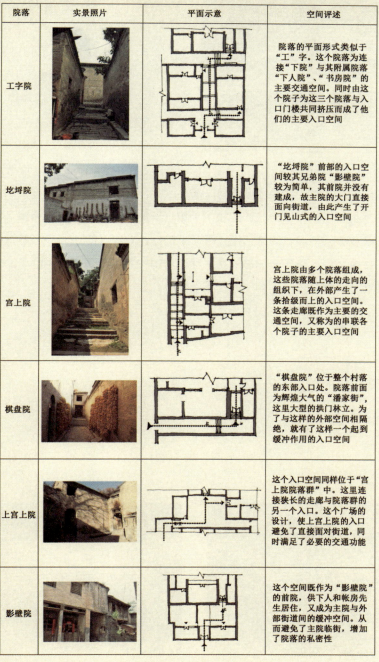

院落	实景照片	平面示意	空间评述
工字院			院落的平面形式类似于"工"字。这个院落为连接"下院"与其附属院落"下人院"、"书房院"的主要交通空间。同时由这个院子为这三个院落与入口门楼共同挤压而成了他们的主要入口空间
圪垯院			"圪垯院"前部的入口空间较其兄弟院"影壁院"较为简单,其前院并没有建成,故主院的大门直接面向街道,由此产生了开门见山式的入口空间
宫上院			宫上院由多个院落组成,这些院落随上体的走向的组织下,在外部产生了一条拾级而上的入口空间。这条走廊既作为主要的交通空间,又称为的串联各个院子的主要入口空间
棋盘院			"棋盘院"位于整个村落的东部入口处。院落前面为辉煌大气的"潘家街",这里大型的拱门林立。为了与这样的外部空间相隔绝,就有了这样一个起到缓冲作用的入口空间
上宫上院			这个入口空间同样位于"宫上院落群"中。这里连接狭长的走廊与院落群的另一个入口。这个广场的设计,使上宫上院的入口避免了直接面对街道,同时满足了必要的交通功能
影壁院			这个空间既作为"影壁院"的前院,供下人和帐房先生居住,又成为主院与外部街道间的缓冲空间。从而避免了主院临街,增加了院落的私密性

图3-6 入口空间

3.营造技术

图3-7 后头院正房顶木构架仰视图

石淙头村的民居结构体系与我国传统建筑一样，以木构架为主（图3-7）。石淙头村的屋顶木构架为北方传统的抬梁式做法，院落的正房、倒座房、厢房以五架梁为主（图3-8）。五架梁结构体系中的脊檩两侧有斜撑（图3-9）。沁河流域木材资源较为短缺，为节省木材，在檐廊加设了一步架（图3-10），以减少大梁的长度。同样为了节省木料，椽子往往采用烂搭的做法，这样缩短了单根椽子的长度。另外，在石淙头村的大量房屋中，普遍有用蒲草或秸秆编成的席子代替屋顶木望板的做法（图3-11）。石淙头村周边盛产玉米与小麦，在收割后，将剩余的秸秆用作建造材料，可缓解木材资源的紧缺情况。房屋的木制楼板搭在梁上（图3-12），再在木楼板上铺砖。

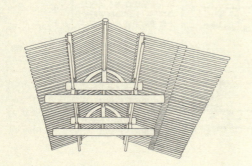

图3-8 石淙头村典型屋顶木构架做法仰视图

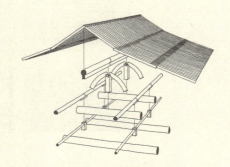

图3-9 石淙头村典型屋顶木构架分解图

图3-11 望席

图3-12 木楼板

图3-10 圪垯院
出檐部分构造

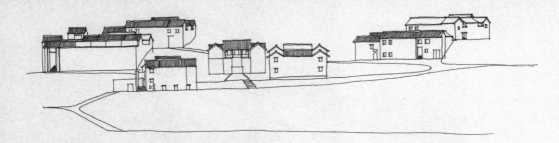

图3-13 石淙头村西部组团立面示意图

4. 立面构成

建筑立面构成分为外立面和院落内的立面。石淙头村乃至整个山西民居的建筑风格可以概括为对外封闭、对内开放。如石淙头村的大院外立面全部采用厚重的砖石砌筑而成，立面高耸，而很少开窗，对外显得很封闭。但进到院落中就会发现其内部立面装饰灵动、繁杂，但又不失沉稳。

石淙头村东西两个组团之间的内部立面效果并无太大区别，但外立面的区别却是显而易见的。西部组团因其所处地势坡度更陡，因此院落正立面往往是三层，一层为窑洞，因此更加高耸，特别是门楼部分，显得更加威严。这样做的好处在于，利用窑洞来找平地坪，不仅可以充分利用空间，也可使立面出现特有的巍峨高大，如同城堡一样看起来坚不可破（图3-13）。

而东部组团因其所处地势平缓，故立面多为两层，并不像西部组团那样高耸威严，这里则是更加近人的尺度。同时东部组团内有较密的交通网，在胡同之间穿行时，周围建筑的立面尺度让人感觉很舒适，不会有强烈的压迫感。

5. 居住建筑地面铺装

石淙头村的地面铺装较为讲究，院落内部及房屋内部往往采用地砖铺装，使院落内部空间更显别致、精巧。院落外部的街道多采用较大的条石铺装，使石淙头村外部空间更显气派。另外，在一些特别的街道节点处，如院落入口前部，也会采用一些不规则形状的青石板进行铺装，以与院落的幽静、恬然的主题相协调（图3-14）。

铺装等级	代表实例	地面铺装示意图	材质	尺度	实例照片
主要街道	潘家街（工字院段）	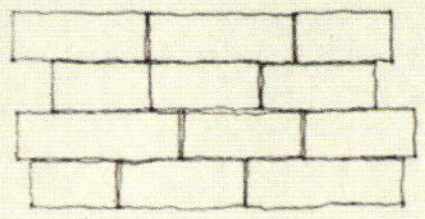	青石条（表面光滑）	一般宽30~40厘米	
院内主要巷道	工字院	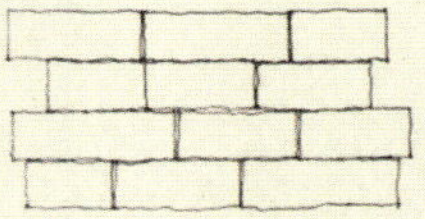	石条（表面不光滑）	一般宽30~40厘米	
街道节点	道路交叉点或院落入口前部	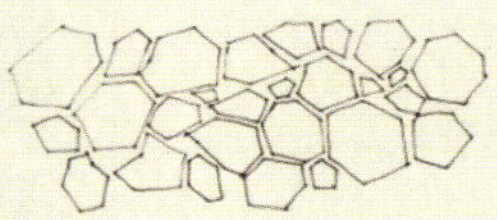	不规则形状青石板	不规则	
庭院及屋内	棋盘院	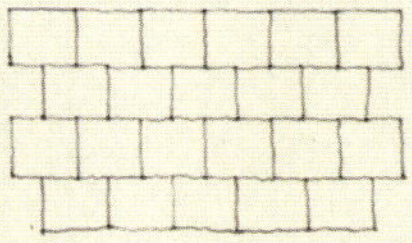	方砖	25厘米	
庭院台基	街花院		青砖	25厘米×13厘米	
修补	上宫上院	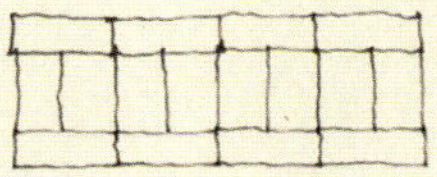	青砖	25厘米×13厘米	

图3-14 石淙头村的铺地类型

6.墙的砌筑方法

石淙头村中的墙体无论是屋内还是屋外，院内还是院外的表面都是全顺错缝砌法，虽不似其他砌法那样富有变化，但形成的房屋立面整齐庄重。

村中常见的墙厚有250毫米、380毫米、510毫米、640毫米四种尺度，尺度的变化取决于砖的砌筑方式。250毫米厚的墙收尾处为一顺或两丁相邻而成；380毫米厚的墙收尾为

墙厚	代表实例	砌筑方式示意	实例照片
250毫米	窑洞拱券墙		
380毫米	后头院门楼墙		
510毫米	影壁院倒座墙		
640毫米	宫上院门楼墙		

图3-15 石淙头村的建筑墙体砌筑方法

一顺一丁，上下相邻的则变为一丁一顺；510毫米厚的墙收尾为两顺或一丁一顺一丁式；640毫米厚的墙收尾为一顺一顺一丁，上下相邻的变化为一丁一顺一顺，墙体只留内外两面顺砖，中间以石块和碎砖砂土填实，在保证墙体坚固的同时省却砖块，降低造价（图3-15）。

7. 高差造成的建筑变化

整个村落修筑于山腰上，由于坡地的原因地坪产生高差。石淙头的潘家大院在如何利用高差方面展示了修造者非凡的智慧。

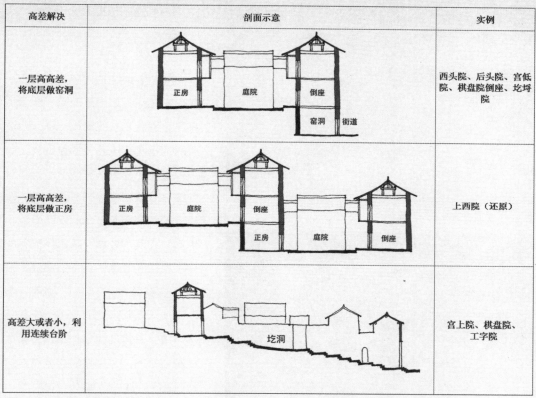

图3-16 高差造成的建筑变化

如西头院的倒座与正房有着将近一层的高差，于是倒座修成三层。一层为窑洞，用来饲养牲口、安置外厕，与院内生活不相干扰；而在院内来看，西头院就是个普通的二层四合院，在解决高差的同时赋予空间合理的使用功能。

上西院采用了类似的方式。上西院前后有两个院子，两个院子有一层高的高差，于是设计第一进院的正房为三层，但是第一进院只能使用一层，上面两层则成为第二进院的倒座，两个院子既相互独立又相互关联，完美地解决了高差问题，又形成了丰富的空间形态（图3-16）。

8. 居住建筑排污、排水系统

(1) 居住建筑排水系统

石淙头村依山势而建，院落关系层叠发展，一院紧挨一院。石淙头村的排水系统遵循的原则为：第一，避免外部由山体而下的雨水对院落产生冲刷侵蚀；第二，避免串联式的院落之间排水的相互影响。因此，在院落外部，顺山体流下的雨水由村落道路引流下山或流入蓄水池。在院落内部，由地沟（图3-17）、暗道（图3-18）构成排水系统，逐级向院落外排放。串联的院落之间，采用并联方式统一排水（图3-19）。

(2) 居住建筑排污系统

在中国的传统民居中，房屋的排污系统都是一个不可回避的问题。在传统民居中，厕所往往会安置在不影响院落风水的位置，并且尽量做到自然通风。同样，在石淙头村的传统民居中，厕所往往布置在南面，并且安放在楼梯后等隐蔽的位置（图3-20）。另外，厕所的墙体往往对外开窗（图3-21），或者厕所

图3-17 院落内部地漏

图3-18 院落排水暗道

图3-19 并联式统一排水

图3-20 隐藏的厕所入口　　图3-21 厕所的通风窗

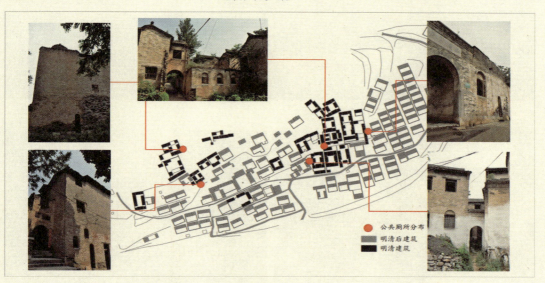

图3-22 石淙头卫生体系厕所分布

的门有两道，这样能够自然通风并避免与院落内部联系过于直接。

在石淙头村的传统民居中，对厕所的处理方法又有独特之处（图3-22）。首先，在石淙头的传统院落中，可以看到既对院落内部开放又对院落外部开放的大量厕所。这与我们常听到的谚语"肥水不流外人田"似乎相冲突，事实上这种现象与石淙头村明清时期的社会背景有关。明清时期这里各个大院其实都是潘家所有，每家每户与家族中其他的家族成

山|西|古|村|镇|系|列|丛|书

图3-23 厕所对外入口

图3-24 相邻的掏粪口

员都关系密切，因此将自己院落中的厕所处理为开放形式，既方便了大家使用，又保留了自家使用的功能（图3-23）。另外，石淙头村居住建筑对厕所掏粪口的处理也值得一提。为了方便统一处理，这里往往将几个相邻院落厕所的掏粪口安置在彼此靠近的位置（图3-24），既可节省人力，又可以达到清洁卫生的效果。

二、典型院落

1. 西部组团

　　石淙头村的西部组团位于小庙以西，靠近龙王庙与老龙汶，坐落于龙王山西侧高地上（图3-25）。各个院落依龙王山西侧坡度较陡的山体而建，建筑立面高耸雄伟。从建筑年代看，西部组团建造起始年代为清乾隆年间，早于嘉庆年间的东部组团。西部组团西侧的龙王庙建于清乾隆五年，为整个潘家大院建造的起点。西部组团中建筑规模最大的院落为宫上院，高大巍峨，内部空间井然有序。其他独立院落有西头院、外向院、上圪垱和上西院，精致小巧，彼此呼应形成亲切的院落外部空间。潘家花园紧挨上西院，位于西部组团

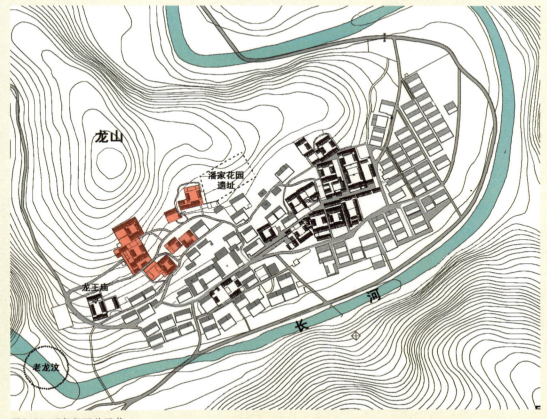

图3-25 西部组团总区位

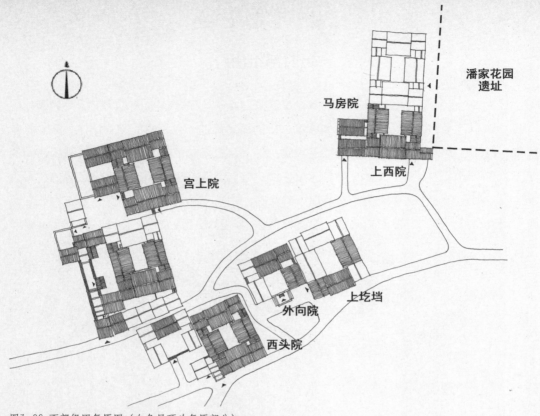

图3-26 西部组团复原图（白色屋顶为复原部分）

最东端，现已荒芜（图3-26）。整个西部组团依据复杂的地势形成错综复杂的交通网和丰富的建筑立面，反映了古人顺应自然的建筑思想。

（1）宫上院

宫上院位于潘家街最西端，是潘家大院西部组团中的最重要部分，而且是石淙头村中规模最大的一组院落。宫上院依山势而建，层层上升组织院落，立面高耸宏伟（图3-27），形如天堑（图3-28）。宫上院由四个大院组成，由下自上依次为窑底院、下宫上院、书房院、上宫上院（图3-29）。四个院落各自独立，但共用一个大门，并由一条圪洞（图3-30）相连。宫上院为石淙头村中防御系统最完善的一个大院，整个院落只有底部的大门（图3-31）和上部的一个小门（图3-32）可以进出，若想进入大院必先经过设有把守

图3-27 官上院与周围建筑

图3-28 官上院东立面

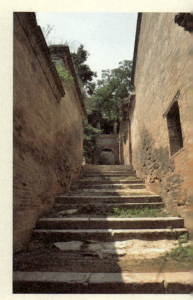

图3-30 圪洞

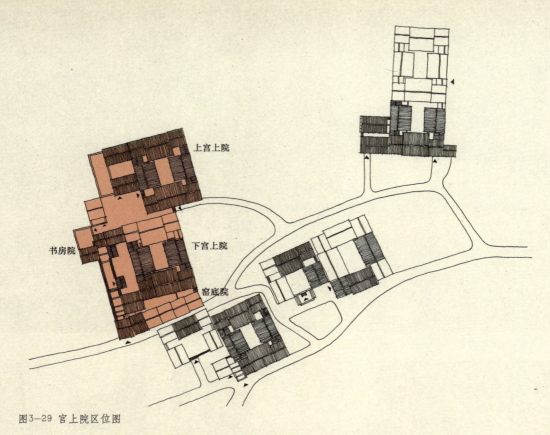

图3-29 官上院区位图

的大门，并且下宫上院和窑底院内都各自设有令人叫绝的防御机关、暗道、暗室，如下宫上院，因其严密的防御设施又称天罗地网院。在抗日战争时期，这里成了村中大部分百姓的庇护所和八路军的临时驻地。

　　宫上院中四个院落的内部关系整齐有序（图3-33），并且各个院落之间高差较为明显，需拾级而上才可到达每一个院落。一个圪洞将四个院串联起来（图3-34），圪洞顺地势逐级上升，共有26步台阶，每步台阶平均高10厘米。圪洞的西侧为围墙，东侧为院落建筑的外立面。在圪洞的端头处，修有一个过街楼，过街楼后面正对一面影壁，影壁与过街楼的拱洞在圪洞空间末端起到了对景以及过渡作用，和上宫上院前面的开敞空间相衔接。窑底院、下宫上院、书房院的入口都统一设在朝圪洞的一侧，上宫上院则建在地势最高的

图3-31 官上院南入口　　　　　　　　　图3-32 官上院次入口

平台上。其中上宫上院和下宫上院，都为标准的四大八小制式，并且两个院落在西侧都带有护院，可以满足更多的功能，不出大门便可以满足日常生活和劳动需求，同时护院还为主院提供了缓冲空间。另外两个附属院落，一个临近入口的窑底院，为伙计门房等下人居住，并设有饲养牲畜的窑洞。另一个为书房院，院内只有教书用的一间南房（图3-35）。整个大院内部功能除居住外，还包括防御、教学、牲畜饲养、粮食加工等，营造了一个可以自给自足的居住机器。

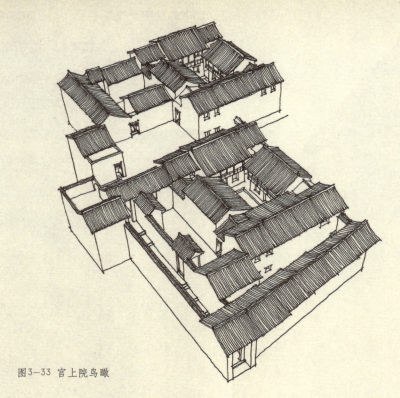

图3-33 官上院鸟瞰

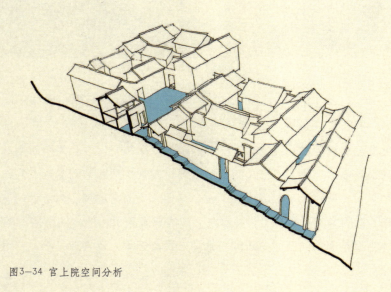

图3-34 官上院空间分析

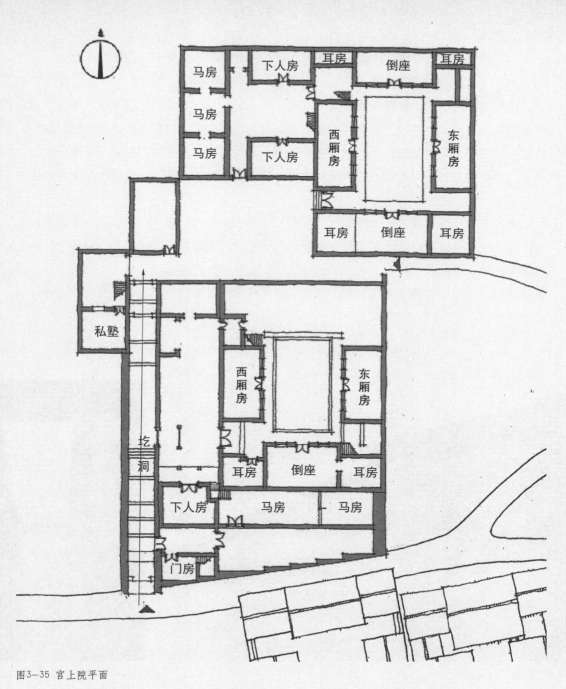

图3-35 官上院平面

① 窑底院

a. 整体布局

窑底院为宫上院中地势最低的院落。建筑底层为窑洞，是整个院落群的开始。由于地形不规则，因此窑底院的平面并不是一个矩形，其南墙体与院落的水平轴线存在一个夹角，因而宫上院的南立面屋顶挑檐呈锯齿状（图3-36），立面效果更加丰富，增加了潘家最大院落的气势，使它成为最具特色的一组建筑。据现在居住在窑底院的居民称，这种锯齿形的屋顶在人们的传统观念中是另有意义的，人们相信在这样的屋顶前建房屋不吉利，因此这样做避免了后人在宫上院前面加盖房屋的可能性，为后代子孙保留了一个不会被破坏的宽阔广场。

窑底院为一个两进院落，院落的东西方向狭长（图3-37），院落内部建筑的南北进深较短。第一进院落（图3-38）紧靠宫上院院门，主要为下人居住，包括居室、厨房、门房、厕所等。第二进院落（图3-39）由南侧的窑洞与一狭长的院落组成。南房为一排相连的窑洞，窑洞共两层，进深和高度都很大。一层由七间窑洞并排组成，可以满足饲养、储存等后勤工作。

图3-36 锯齿状屋檐

图3-37 窑底院天井

图3-38 窑底院大门　　　　　　　　　　　　　　图3-39 窑底院二进院大门

b. 空间分析

　　窑底院作为下人居住工作的院落，其房屋装饰平平，不像其他等级较高的院落那样雕梁画栋。它几乎没有木雕与石雕，仅用坚固的砖石砌筑成窑洞建筑。窑底院的院门朝圪洞打开，为一个简单的拱门，并不像其他院子那样富于装饰，可见其等级是整个大院中最低的一个。第一进院落是下人工作休息的居所，其空间较第二进院落更丰富。北房为一间下人居住的大窑洞，墙体厚实坚固（图3-40）。砖砌窑洞蓄热系数大，居住其中冬暖夏凉。另外北房东侧还设有一个十分隐蔽的通道（图3-41），可以直接通到第二进院落中，这样的做法方便了下人在院落间快速通行，并且防止下人的活动对主人产生干扰，另外也可防御外敌。南房为二层加一个半地下的夹层，为窑洞与砖木结构的混合型结构。地下一层与南房不相连通，而是单独设置了两个门，一个门对外开放，成为宫上院的次入口，另一个门朝院内的圪洞敞开，这样这个半地下的夹层就成为一个门房。门房内部为高大的拱券，

图3-40 一进院正房

图3-41 窑底院隐蔽式通道

　　南房一层的两个小拱券建在其上。门房大拱券的顶部伸到一层地面之上约80厘米，这样复杂的穿插关系巧妙地利用了地势，在满足功能的前提下又节省了空间。南房的地上部分为二层的建筑，两层之间有楼梯相连。一层的顶部结构为楼板和窑洞混合的屋顶，二层连接了门楼与第二进院落的二层房屋。第二进院为七个相连的窑洞，曾经也同样为两层建筑，现在只剩一层（图3-42）。据现在的主人称，其中几个窑洞为饲养牲畜之用，另外几个曾设有硕大的石碾子加工粮食。二层用于储存和粮食草料。这样的设计，使一家人可以足不出户地完成很多劳动。

　　窑底院的结构与空间相互穿插，较为复杂，究其原因是窑底院特殊的地势因素所致。因为窑底院在宫上院中地势最低，上部房屋和院落创造利于施工与防御的高地势，因此利用坚固易于承重的窑洞结构为底层，上层承托砖木混合型房屋，既处理了内外间的高差矛盾，又节约了空间，使结构更合理。

　　窑底院内部空间功能丰富，最为突出的是防御作用。尤其是南房，机关、暗道的设置，使整个院落成为一道屏障。首先南房与门楼直接相连。门楼在山西民居中具有重要的防御功能，门楼居高临下，不仅可以眺望院外情况，又具有一定的攻击优势。因此，处于关键部位的窑底院就成为整个大院中外围防御的重要院落。其墙体最厚处可以达到790毫米，墙体虽然因地势下陷而产生了一条自下而上的裂纹，但据这里的主人称，这条裂纹已经存在至少60年，却从未扩大，也并未曾对房屋的整体结构产生过致命影响，可见这里的

图3-42 窑洞

房屋结构的坚固程度与稳定性。

　　门房有对外开放的小拱门，可以用来了解门外情况，情况清楚之后再打开大门。另外因为这个门房位置较为隐秘，并具有双重门的结构，内部通道狭窄，因此加强了整个门楼的防御性能。这样做的另外一个好处是，平时大门可以关闭，而小拱门为日常生活提供了便利，节约了人力和时间。

　　南房的一层与二层间相连的楼梯，实际上为一个暗道，其隐蔽效果令人拍案叫绝。一层东面的墙上可以看到一个木制的柜子，高1.8米，将柜门向外打开可以看到这个衣柜实际上较浅，柜子的后面的木板可以向上推起，这样就露出了藏在柜子后面的石制楼梯，直通二层（图3-43）。如遇到紧急情况，人们可以从这个暗道藏入二层（图3-44），后再将木板放下，木板顶端有木制的销子，同一位置的墙体上设有凹槽（图3-45），这样木板就可以被固定住。据房间主人介绍，曾经在一层的暗道入口旁，还有一个嵌入墙中的柜子，起到掩人耳目的作用。这样一来不速之客很难察觉到二楼还存在一个暗室。另外，一二楼之

| 山 | 西 | 古 | 村 | 镇 | 系 | 列 | 丛 | 书 |

图3—43 暗道柜子开启与关闭

图3—44 暗道楼梯

图3—45 暗道墙体凹槽

间的楼板被做成了中空的夹层，将几块木板打开，人就可以藏匿其中，俨然成了又一个暗道。即使第一道机关被识破，还存在这一道最后的保险。当不速之客破门而入时，会发现整个院落已经人去楼空，重要钱财也无处寻觅（图3—46）。

②下宫上院

a.整体布局

下宫上院别名天罗地网院，因其特殊的防御设施而得名。据当地村民称，这个院子曾经上空被铁网罩住，仿佛天网一般，在院子四角上方，各有一个铜铃挂在铁网之上。这个报警系统具有很高的敏感度，甚至连一只鸟落在铁网之上，铜铃都会发出报警声。这种做法在中国的民居中并不多见，也见出潘家当年的富裕，以及与富甲一方相伴的顾虑和担忧。后来在大生产时期，铁网被捐给国家。

下宫上院为宫上院的第二个院落，是宫上院中与上宫上院同等重要的院落。它紧靠窑底院，一部分为窑底院的北房二层，另一部分构成窑底院第二进庭院的北立面。下宫上院为一个两进的院落，院门朝大

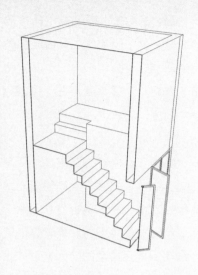

图3-46 暗道示意图

院内的圪洞而开。第一进院为南北方向的下场院落，其中有一间南房，为侍奉院主人的下人居住。北面有一间二层的窑洞和一间二层的储存室，分别为牲畜饲养与草料粮食存放之处。主院为四大八小式院落，正房在抗日战争期间烧毁，但依然可以看出其高等级形制与雄伟气势。正院南房为三层，底层是窑洞，不仅成为窑底院的一部分，也解决了两个不同院落间的地势差问题。

b.空间分析

沿宫上院的圪洞而上，经过窑底院，便可看见一个入口，入口大门木匾上镌刻"安处善"三个字(图3-47)，这便是下宫上院的入口。大门双卷勾连搭顶，双门结构，第二道屏门平时不打开。平日人们从第一道门进入，需绕过第二道屏门，这样可遮挡视线，形成空间和心理的过渡；当人绕过第二道门，看到正门和一进院倒座精美的木雕装饰时，会产生心理上的震撼，也因此暗合中国园林艺术曲径通幽的情趣。

第一进院中的装饰丰富，倒座与主院院门上配有精美的木雕装饰。天罗地网院的院门为屋宇式，门洞较深，大门的匾额上镌刻苍劲有力的四个大字"树德务滋"（图3-48），匾额之上是木雕的五朵牡丹，彰显雍容华贵之气。厚重的木质门楣之下，挂落对称雕有蔓草纹，增加了大门空间的层次感。第一进院落的倒座房在窑底院北房之上，为一层建筑，

其出挑的斗栱，经过变形，前端变化为精美的螺旋形蔓草纹装饰（图3—49）。在附属院的房屋中依然可以看到这样的装饰，足以显示这个院落的主人曾经的奢华与富裕。第一进院的北端一层为两眼窑洞，其上为两层的房屋，窑洞用于养马，二层为储存室，用以存放草料等。这样，院中的主人踏出大门就可以上马出行。

第二进院就是所谓的天罗地网院。二门进来便是一个天井，天井由门楼、倒座与西厢房之间的连墙围合而成，天井下方对应的地面方形区域也特意下沉，使这个空间更加有心理和视觉的冲击力。在普通的院落空间中，加入一个鲜明的垂直通透的空间，形成强烈的空间对比。同时，当阳光从天井倾泻而下时，门

图3—47 下官上院入口

图3—48 下官上院倒座

楼下方与入口处的灰色空间，就被这一束阳光打破，明暗对比变化使人眼前一亮。

天罗地网院为典型的四大八小式院落。现在保存下来的倒座与东西厢房由二层出挑的走廊连接，增强了三间主房的联系。倒座与厢房采用石淙头村中潘家大院常用的装饰风格，门窗隔扇往往采用书条纹装饰，彰显书香门第的秀气，做工考究而不过分装饰。门窗保存二百余年而依然可以照常使用，其上雕琢细致的木雕，每根构件截面尺寸不大，依靠相互之间的支持坚固不变形。二楼的栏杆采用云纹、蔓草纹、书条纹结合的做法，使栏杆与门窗的装饰浑然一体，自然和谐。天罗地网院的正房部分在抗日战争时期，约1940年前后，被入侵石淙头村的日本人烧毁。从现存房屋基础和台阶、条石等可以看出正房曾经的辉煌大气。天罗地网院的庭院正中心，有四块约60厘米高的石墩，在四个角的位置围成一块方形区域，中间现在为一座花坛。据现在的主人介绍，这里是所谓的"风水宝地"[1]（图3-50）。他们认为庭院的正中心住着土地爷，因此将其供奉起来，以求平安。这种做法在石淙头村乃至山西民居中都较为常见。

图3-49 下官上院二进院大门

图3-50 风水宝地

---

[1] 据称，这个所谓的"风水宝地"是河南的风水先生根据四方风水所定。其后，潘家以此地为起点修建潘家大院，从而影响着村落房屋的修建次序、级别等。

③上宫上院

a. 整体布局

上宫上院因地势为宫上院中最高而得名（图3-51）。宫上院的次入口靠这个院的南面山墙而建。上宫上院由主院和附属院落组成，附属院建在主院西侧，设有单独的入口（图3-52）。主院的入口朝西而开，附属院的入口朝南而开。附属院的南立面较主院向北退了近8米，因此在两个院子的入口间形成一个三面围合的广场空间，这个院前广场的设置不仅使上宫上院更加气派，而且使上宫上院及其附属院落的入口避免了直接面对街道。从院前广场的设置及上宫上院所处的高地势，可以看出其为宫上院中等级最高的一个院落。

b. 空间分析

上宫上院主院入口位于院落的西南角，通过取消西南角的小房形成。入口大门上雕有精美的梅花与喜鹊的样式，后面的门匾上书"峰峦毓秀"（图3-53），字体秀气。入大门，院内空间一览无余。院落由四大八小形式演变而来，西厢房没有耳房，南边小房演变

图3-51 上宫上院

图3-52 上官上院主院与附属院

为门洞。正房西侧耳房在一层被取消,墙体上做了一道拱门,联系主辅院。西厢房北边的小房在二层成为一个通道,通过一段13级的楼梯上到这里,再进入正房二层耳房,与附属院正房的二层相连。这样的设计增强了主辅院的联系,并且可以防范外来的威胁。如外敌破门而入时,住在正房与厢房的主人可以从小门进入养有马匹的附属院,从而迅速逃离。主院依然采用"外雄内秀"的建筑装饰风格,内部精彩秀气的木雕装饰与外部封闭威严的空间对比强烈。附属院有正房和倒座房各一间,西侧有三间相连的窑洞。窑洞可以养马匹、牲畜,正房住下人,倒座及其二层用于存放草料和粮食。

图3-53 上官上院大门

④书房院

书房院在宫上院圪洞的尽头，院门朝东开。从书房院的位置来看，位于上宫上院和下宫上院这两个主院之间，由此可以推断它同时服务于两个院子，甚至服务于所有潘家大院。这个书房院曾经用做私塾，潘氏家族的孩子可能都曾在这里接受教育。

书房院的形式简单，入口为一个月亮门，这在村中是不多见的，没有繁杂的装饰，对于一个安心读书的场所来说，这样的做法是最合适的。月亮门上一块小石匾上书清秀的三个字"满绿轩"，寄托了对家中子孙的美好期盼（图3-54）。院中只有一间两层的倒座，即学堂，通过一段室外台阶进入二层。

图3-54 书房院院门

(2) 西头院及周边三个院落组

①院落群背景

西头院由于地处石淙头村西部组团最南边、潘家街和王家街这两条主要街道的西端，而得名（图3-55）。它的倒座、厢房、正房依地势而建，院落格局为四大八小式，各个房屋均为二层，由挑廊相连（图3-56）。院落内部装饰丰富，较石淙头村中其他院落，装饰细节更加丰富。院落南面的地形坡度大，通过一段陡峭的斜坡可以上到院前。同样为了适应地势，西头院的南立面为三层。与西南角高耸的门楼一起，使院落的南立面看起来高耸威严。一层入口朝南的窑洞为对外开放的厕所和下人居住的房间，东厢房下朝东开的窑洞用于饲养牲畜。在门楼旁有一个3米见方的小房，为门房。西头院总体保存完整，但门楼与入口旁的小房损毁严重（图3-57）。

西头院所在地坪远高于街道，因此在王家街上可以远眺西头院高耸的院墙与巍峨的屋檐。一段曲折的陡坡连接了王家街与西头院的入口，潘家街也从东面通到西头院入口。西

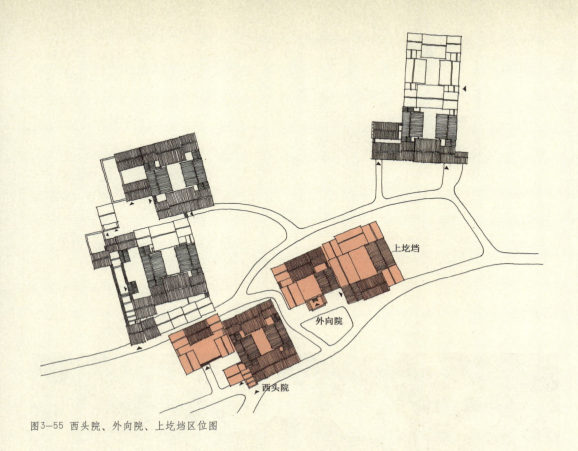

图3-55 西头院、外向院、上圪垱区位图

头院位于村中两条主要道路的交汇位置，重要的地理位置使它成为西部组团与外部联系的重要院落。居民在此频繁地聚集交流，激活西头院附近的空间，这里成了一个积极的公共空间。西头院东侧有两个较小的院落——外向院与上圪垱院。三个院落组合形成一个三面围合朝南开口的小广场空间，为周围的人停留交流提供了可能。这个外部空间与三个院落的入口联系紧密，在"内外有别"观念强烈的中国古代，这里成为三个院落中人员与外部人员日常交流联系的重要场所。

　　西头院与外向院、上圪垱院在这个开敞空间中的关系也尤为紧密（图3-58）。外向院位于西头院东面，与西头院仅有3米之隔。外向院院落的开口向南，向公共空间开敞，为人们参与院落前的公共空间的交流提供了便利。外向院在门前设置了一道影壁作为视线的阻隔，影壁前后的空间既联系又分割。这道影壁将公共空间与私密空间分隔开来，对内外

石淙头古村

|山|西|古|村|镇|系|列|丛|书|

空间都产生了积极作用。上圪垱院在三个院落中位于最东边,紧挨外向院。上圪垱院的入口朝西,朝向这个外部空间(图3-59)。西头院东墙上的一幅由砖组成的"福"字与上圪垱院入口形成空间上的呼应,以祈求吉祥(图3-60)。这种通过建筑的语言来表达家族中人们相互关怀的做法,折射出石淙头村人对生活细腻的解读与对于家族和睦的美好憧憬。

②空间分析

西头院的入口位于院落的西南角,门楼高耸,高大的拱门上方,

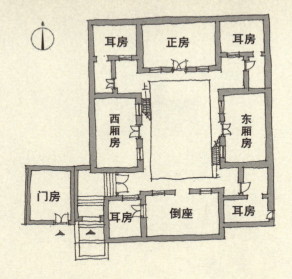

图3-56 西头院平面

图3-57 西头院南立面

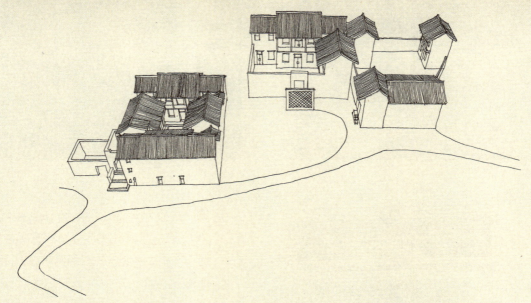

图3-58 西头院周边三个院落现状鸟瞰

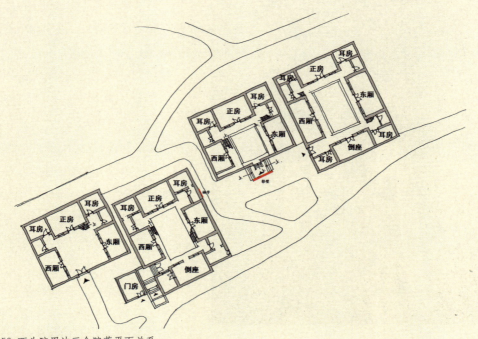

图3-59 西头院周边三个院落平面关系

图3-60 西头院外墙砖砌福字

图3-61 瑞接南山匾额

图3-62 西头院大门

青黑色石匾上书"瑞接南山"（图3-61）。"瑞"取吉祥之意，"南山"既指石淙头村南面的凤凰山，又取悠然自得，可以远离世间喧嚣之意。的确，西头院院落高耸，所处地势高，使得院落前的风景一览无余，可以眺望远处南山，亦可俯瞰谷地中的长河。

门楼之后四步台阶上到一个平台，平台右侧再上六步台阶可以进入大院。院落的大门装饰并不繁杂，额枋两侧的雀替稍加蔓草纹装饰，额枋上的柁墩雕有喜鹊登梅的图案，虽已残破不全，但依稀可见曾经的华美别致。大门上方的木匾上书"居安寄深"，四个字将这里曾经富足的生活展露无遗（图3-62）。

从院落大门进入庭院中，即可将整个院落的面貌一览无余。院落为标准的四大八小制式，所有房屋皆为二层，由两段挑廊分别连接了正房与东厢房、倒座与西厢房，两段挑廊在庭院中各自设有一段连接一层的木楼梯。院落内的装饰较石淙头村中其他院落更为繁杂一些，如云拱、雀替、窗格、帘架上的装饰更富有细节（图3-63）。

（3）上西院

上西院位于整个西部组团北端，其东侧紧挨潘家花园，南侧曾经欲建造潘家祠堂（图3-64）。上西院破坏较为严重，只保留下来倒座房和东西厢房，与其西侧的附属院落"马房院"（图3-65）。据现今的院落主人称，上西院曾经为二进院落。第二进

图3-63 西头院庭院空间

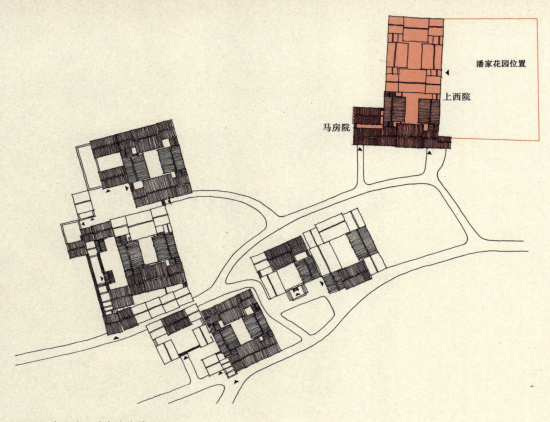

图3-64 上西院、马房院总平面图

院落的倒座同时是第一进院落的正房（图3-66）。两进院落通过第一进院的檐廊与第二进院相连。同时，第二进院又在东南角设置了朝东的入口（图3-67）。这样，可以从上西院东侧相连的门洞进入后，上坡进入其第二进院。这个门洞（图3-68）还可以通道潘家花园，但潘家花园现在只剩一片杂草丛生的平地（图3-69）。

上西院的附属院称马房院，顾名思义其作用为养马。这个院落保存较完整，院落进深很小，有南房北房各一间，北房三层，倒座房两层，虽都为多层，但马房院的层高较小，因此房屋整体高度比上西院要低。

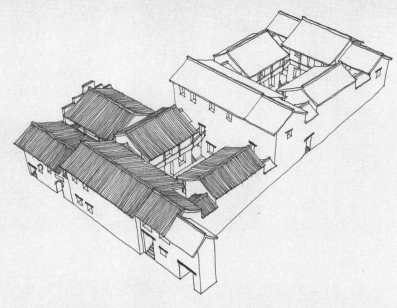

图3-65 上西院及马房院复原鸟瞰图

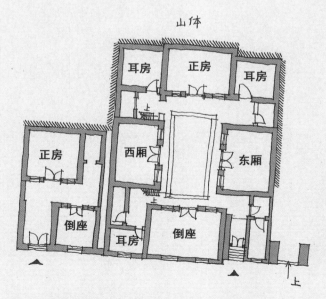

图3-66 上西院一进院及马房院首层平面

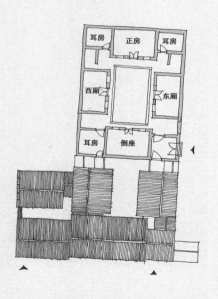

图3-67 上西院二进院平面（想象图）及一进院屋顶

山|西|古|村|镇|系|列|丛|书

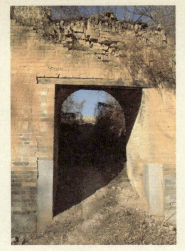

图3-68 潘家花园入口

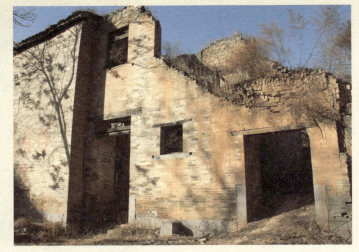

图3-69 上西院和潘家花园入口遗址

图3-70 上西院倒座房立面

2. 东部组团

石淙头村的院落群坐落于地势较为平缓的龙山的东西两头，面朝着柏树葱葱的凤山，东边的院落聚集紧密，一条青石圪洞将东边的建筑群一分为二（图3-71）。这一建筑群修建时间年代相近，建筑群的建造时间跨越了整个嘉庆年间，院落的建筑基本为坐北朝南，沿山坡等高线排布时顺应地形朝向稍有变化（图3-72）。由花梁上的题字可推测出该建筑群以工字院为起点，依次建造北边的后头院与高头院，接下来建造西边宫低院建筑群，最后完成东边棋盘院的建造（图3-73）。其中建成的工字院、宫低院、棋盘院规模较为宏大，院落为多进院落，装饰精美，建筑讲究气派。院落之间联系紧密，布置较西边院落规整、严谨。院落之间形成等级不一的巷道空间，

图3-72 东部组团潘家街以北部分区位图

图3-71 东部组团院落俯瞰

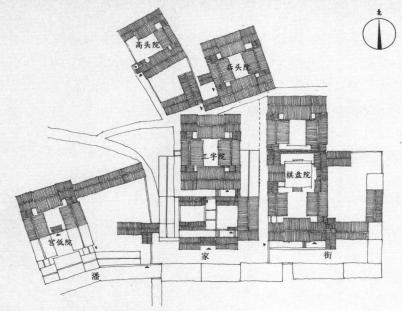

图3-73 东部组团潘家街以北总平面图

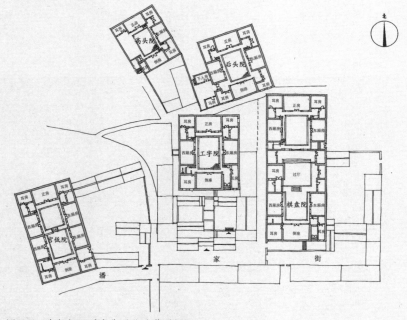

图3-74 东部组团潘家街以北院落平面图

主要街巷以青石条铺就，次级街巷则以碎石铺就，根据功能的不同形成的街巷尺度等级也划分清晰，秩序井然（图3-74）。

(1) 棋盘院
①院落背景
棋盘院东边紧挨东门。清朝时期，东门为入村的主要过门。东门处设置了门房以保障村落的安全，南面潘家街，北边则为后头院，西邻工字院，与工字院之间有一圪洞可以通往后面的后头院几个院落（图3-75）。棋盘院修建于清嘉庆二十三年，为潘家大院的一部分（图3-76）。

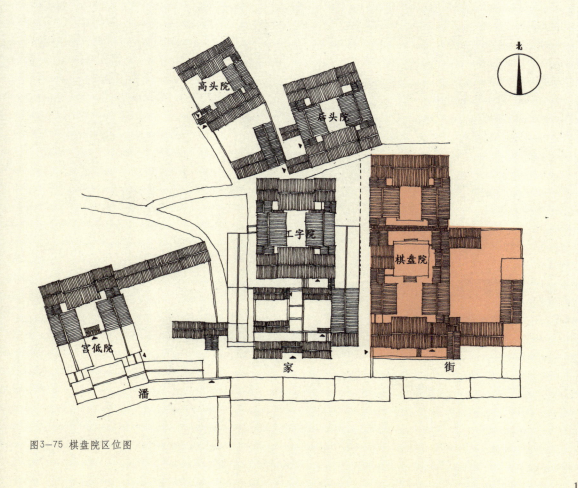

图3-75 棋盘院区位图

图3-76 棋盘院鸟瞰

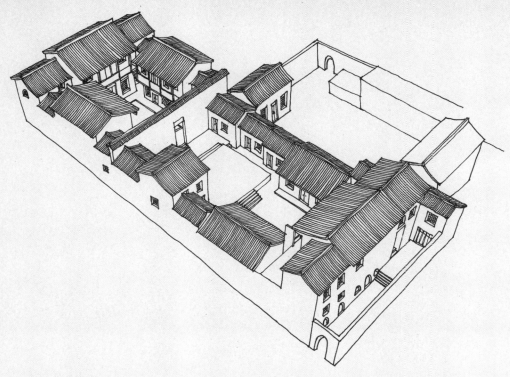

图3-77 棋盘院轴测图

在修建过程中,潘家由于生意受挫,家道中落,原计划修建的四院仅修建起了西院,现存的棋盘西院的两进院的第一进只修成了倒座,院落中间的过厅也仅修筑了基座就再无资金支持,院中的一层房屋均为民国时期加建而成。由于年久失修,棋盘院中的一些屋顶已经出现了塌毁(图3-77)。

潘家的生意失败以及"土改"等革命事件的发生,使棋盘院几经易主,现居住在棋盘院中的主人为当年潘家雇佣的张姓长工的第四代后人。

②空间格局

现存的棋盘西院形制为"四大八小"式二进院,较为常见。前院为过院,中间有一过厅,过厅的两侧为二层建筑,该二层建筑的一层为过道,二进院则为主人的起居生活场所。按照原主人计划的棋盘东院也为二进院,前院用于豢养牲口,后院则为磨房,由于家族的败落没有完工(图3-78)。

图3-78 棋盘西院院内全景

院落的入口与院外圪洞的一个券门相对，为避免直接相对，也出于安全考虑，入口空间被设置为U形长廊（图3-79），外部街道与内部长廊隔有一堵墙，可避免从外部直接看到内部，院落的出入口不影响街道空间的利用。长廊尽端的拐角处为院落东南角的门楼，门楼独立于院落之外，与厢房并不连通。石淙头村地处山区，清朝时期盗匪较多，因此潘家大院在建设规划的过程中格外注重抵御外敌入侵功能。在外敌入侵时，居住于长廊尽头门楼处的伙计听到异动，可爬上高于长廊围墙的二层门楼观察情况，及时向院内主人报告情况。棋盘院的U形长廊起到了缓冲作用，给予院内人更多的逃生时间。院内的人从第二进院的侧门进入东院骑马逃生。整个入口空间的设计为该院落的一个亮点，在满足防御功能、符合风水理念的同时，又增添了院落的私密性。

棋盘西院的设计充分利用了山地地势不平而产生的高差，将地势的劣势化为优势，使得空间层次变得更为丰富，在入口处看来倒座有三层（图3-79），而在第一进院看来只有两层（图3-80）。利用高差形成的一层可以用来储放物品或供下人居住。院落入口由于高差原因设置的台阶相对其他的院落较多，整个入口的高度加大，行人拾级而上，入口的视觉效果更为震撼和庄严。稍显宽阔的廊道以及入口空间为人们提供了停留的地方（图3-81）。

一进院的中心为过厅，未完全修筑起来（图3-82）。过厅的设置使得棋盘院的地位相对其他院落更为重要。一般在有客人来访或是隆重节日，中间的过厅门才会打开供人通过，平时关闭，人流主要由两侧的过道进入二进院落。二进院与一进院中间的一道院墙上砖饰着花纹，过门上"凤穿牡丹"的木雕更是将院墙装饰得熠熠生辉。二进院落的标高高于第一进院落，围合感较强，尺度较之其

图3-79 棋盘院入口 U 形巷道空间

图3-80 棋盘西院一进院倒座

石淙头古村

|山|西|古|村|镇|系|列|丛|书|

他的院落较大，正房的纵向尺度高于石淙头中其他院子正房的尺度（图3-83），给人一种庄重肃穆的感觉，从体量上更是表明了府邸在整个村落中的地位。东厢房与正房二层的回廊相连，共用一个楼梯，西厢的回廊则自成一体。在东厢房的北侧有一门通往棋盘东院，与东院相连形成棋盘格局的四院。院落的厕所设置也是思虑周全，考虑到使用便利及清洁需求，布置于靠近街道的一侧耳房。

棋盘院主要出入口有一个，侧面开设一个次入口供下人干活出入，次入口也方便了第二进院的进出，使前后两进院可以做到相互独立。东西院通过西院东厢房北侧的一个侧门连通，两个院

图3-81 棋盘西院入口大门

图3-82 棋盘西院过厅基台

图3-83 棋盘西院二进院正房

子形成完整的八字形流线（图3-84）。

西院的第二进院落一二层的流线大不相同。一层的各房间的入口由院落联系（图3-84），流线明晰，二层的流线则是通过檐廊连通，正房与厢房的二层有高差，所以以木楼梯相连，而拐角处的耳房另设楼梯，与正房厢房并不连通，独立成一个小房间。

（2）工字院

①院落背景

工字院南面潘家街东侧与棋盘院相邻，北面紧挨后头院，西边则是宫低院（图3-85），

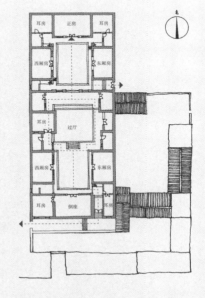

图3-84 棋盘院一层流线图

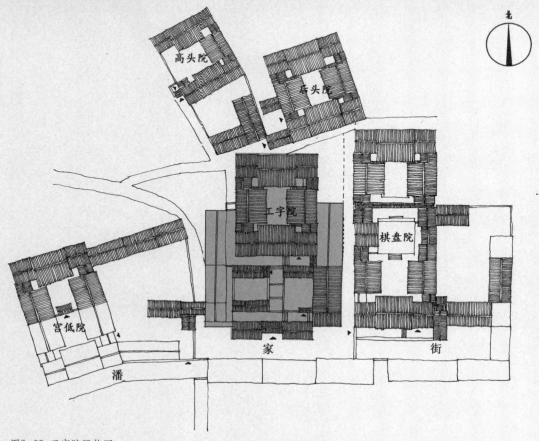

图3-85 工字院区位图

与宫低院之间有一过街门楼相连（图3-86、图3-87）。

工字院中的下院倒座二楼的花梁上，写有"皆大清嘉庆四岁次己未二月十九日亥时上梁宅主潘惟鳌创修南庭房并东南厦房西南厦房。木石工张立业冯永昌。自于之后合宅清泰人口平安永为志"的字迹。据此可以得到比较清晰的建筑年代和主人信息。工字院与囫囵院、棋盘院、影壁院等都曾是薛家大院的一部分。薛家大院的前身则为潘家大院。潘家生意场上失利后逐渐走向衰落，与此相对，薛家则开始在石淙头的势力场上崭露头角，后成为工字院的主人。

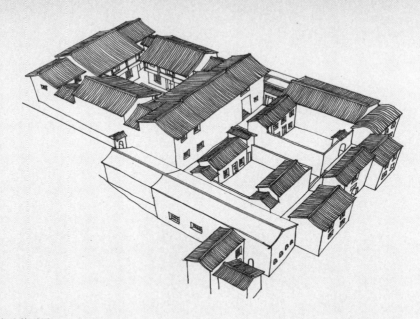

图3-86 工字院轴测图

图3-87 工字院西南角处门楼及厕所

②空间格局

工字院由下院、书房院和下人院以及一个门楼和偏房组成。整个院落的圪洞组成像一个"工"字（图3-88、图3-89）。门楼分为三部分，中间部分较高，均为二层。中间一层为工字院入口大门（图3-90），进入大门两侧皆有门房，左右两侧二层的房间以前是存粮食所用，而券门上二层的房间以前是具有眺望防御功能的。平日里门内一层的房间内有伙

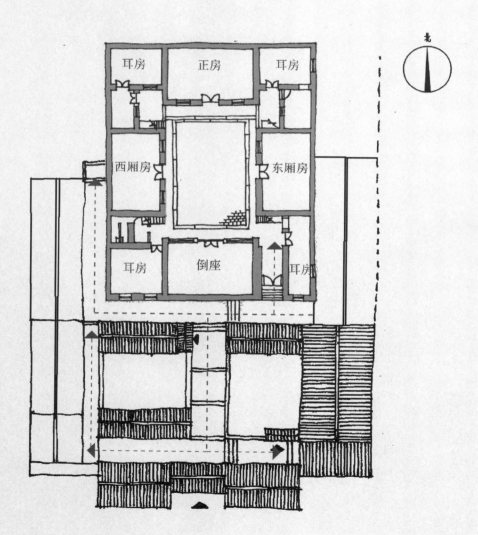

图3-88 下工字院首层平面及流线

图3-89 工字院内窑洞

图3-90 工字院入口及门楼

计把门，若遇到叫门或可疑的响动，伙计由东侧的楼梯登上门楼，便可向外观察，若是遭遇强盗，便可及时通知院内的人员由后门转移逃走。门楼二层与西侧的二层相通，可以从门楼直接通向下院东侧的小门（图3-91）。工字院院内的三个院子都有院门以及围墙，院中设置后门逃生，使得院子的防御功能更加坚固完善。

进入大门，西侧有一巷道通往厕所（图3-87）以及豢养牲口的偏房。偏房为两口窑洞（图3-92），窑洞上则为地面，与门楼二层相同高度（图3-93~图3-96）。空间形态丰富，并且依据功能的不同选取了不同的建造形式。

西边的院落为下人院（图3-97），紧挨着豢养牲口的窑洞，便于下人工作出入。院落入口在下人院东北角有一券门，券门上的匾额刻有"仰心此山"四字，院内南侧为二层硬山建筑，北侧为一层硬山建筑。装饰较为简单，二层没有外挑的廊道。

东边的院子为书房院，进工字院大门前行几步，东侧拾级而上即为书房院入口（图

图3-91 工字院侧门　　　　图3-92 工字院西南角处门楼及窑洞外窗

3-98）。书房院的形制为三合院，院内的三座建筑均为二层建筑，北侧和东侧为二层硬山式建筑，南侧的建筑为潘家大院现存建筑中唯一的一座卷棚顶，颇具特色。书房院为潘家私塾所在，在过去，不能出门的潘家孩子被安排就读于书房院中，从外地请来教书先生，不出门即能接受良好的教育，由此可见潘家对于知识以及教育的重视。

书房院后的U形空间即为下院的入口，U形空间尽头有一门房，与棋盘院入口颇为相似，尺度较之稍有缩减。院门正对书房院墙面上有硬心的影壁，简单大气。入口正对的东

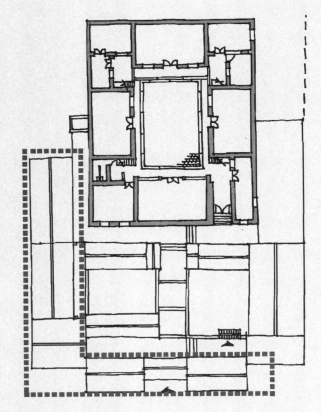

图3-93 门楼二层流线分析图

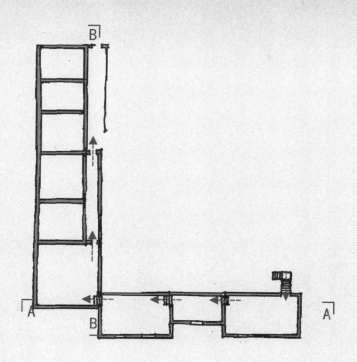

图3-94 门楼二层流线

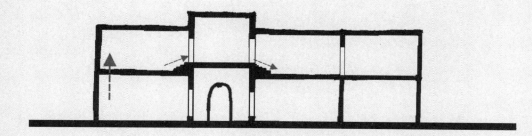

图3-95 A—A剖面

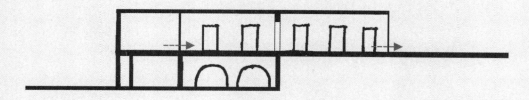

图3-96 B—B剖面

图3-97 工字院内门楼以及下人院入口

图3-98 工字院书房院入口

图3-99 下院正房

图3-100 下院倒座

厢房墙面亦有一影壁。院门上的木质雕饰保存完好,花纹繁复精美。下院现存完整,为典型的"四大八小"一进院落,一二层之间的联系靠西南角和东北角的楼梯联系,后期随着居住人口增多,增加了西北角和东南角两个楼梯。自西南角楼梯而上可游遍二层廊道空间,而其他三个楼梯则与耳房直接联系,不能直接到达廊道空间,可看出初建时的格局应当是基本连通,但后来由于人口增加,私密性要求更高而改造,正房厢房和倒座都已经基本隔断(图3-99、图3-100)。

在下院与棋盘院之间有些许残垣断壁,可推测下院东侧与棋盘院之间原来存在建筑,应该为下院的一个偏院。由于损毁时间较早,目前已经无人能准确说出完整的样貌。

(3) 后头院与高头院

①院落背景

a. 后头院

后头院为潘家大院的一部分（图3-101～图3-103），位于村东棋盘院与工字院之上（图3-104），西边紧挨着高头院。正房花梁上写"岢大清嘉庆十二年，岁在丁卯，宅主潘惟星创修堂房上下十四间，择吉十二月二十六日□□时"，由此可知该建筑建设时间，宅主排行惟字，可知与工字院宅主为同辈兄弟。

b. 高头院

高头院紧挨后头院，处于东边建筑群的最高处，背靠土坡，院子保存状况较差，具体建设时间不详，为潘家大院的一部分（图3-101～图3-103）。

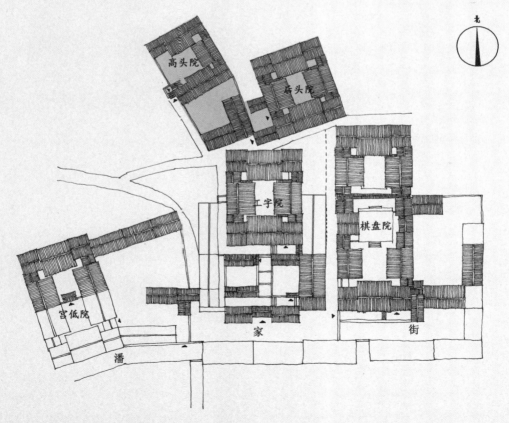

图3-101 后头院与高头院区位图

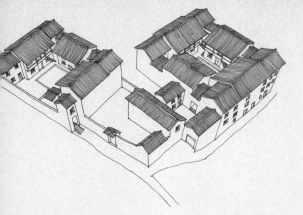

图3-102 后头院与高头院轴测图

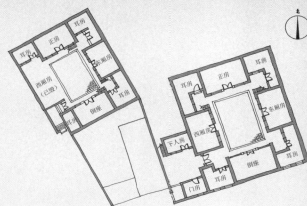

图3-103 后头院与高头院一层平面图

② 空间格局

a. 后头院

后头院为简单的一进四合院落，受地理位置的限制，入口空间较为狭小（图3-105、图3-106），设置了一个小前院，小前院由门楼下人房围合而成。前院门房的设置体现了潘家对于防御功能的重视（图3-107）。

潘家大院的设计者精湛地利用山地的地势差来营建后头院，倒座在外面街上看来为三层（图3-108），最底层为窑洞，用来喂养牲口，与上面两层没有直接通道，从院内来看倒座变为两层，与一般的四合院无异。这样的处理方式使得院落的功能分化清晰，居住与豢养牲口的空间区隔

图3-104 后头院三层看前面的棋盘院与工字院

在有限的地段里面得到了解决。院子内的格局为山西典型民居"四大八小"。院子的第二入口设置在院落的西南角，门楣上的一组牡丹木雕依旧保存完好，尽显雍容华贵（图3—110）。

图3—105 后头院入口前空间全貌

图3—106 后头院入口前空间

图3—107 后头院大门

图3—108 后头院倒座南立面

图3-109 后头院、棋盘院和工字院围合起的公共空间

图3-110 后头院二院门

图3-111 后头院倒座

一层各个房间以院落相连，厢房与正房倒座在二层以一层薄墙相连，围合成完整的方形（图3-111、图3-112），院落四角的耳房处形成四个小天井。二层的楼梯设置在厢房正面处，倒座与西厢房以外围的廊子相连同用一个楼梯，正房与东厢房相连共用东厢房前的木质楼梯，耳房处则设置着石梯方便进入二层耳房，西南处的二层耳房则需由二层的倒座内部进入。

图3-112 后头院正房

b. 高头院

高头院为简单的一进四合院，但由于保护措施不完善以及建筑年久失修，西厢房已经塌毁，现存东厢房也为后来所建（图3-114、图3-115）。高头院形制与其他院落有些许不同，不是完整的"四大八小"形制，在西南角未建耳房，而以门楼处之，成为建筑的主要

图3-113 高头院入口

图3-114 高头院倒座

图3-115 高头院正房

入口（图3-113）。入口处的门楼设置主要起到防御功能，入口门楼处内侧有一悬梯（现已去掉），在夜里有异动或有访客时，院内下人可由悬梯爬上门楼的二层，从二层的窗户向外眺望。

（4）宫低院

①院落背景

宫低院位于工字院的西侧，与工字院以一门楼相连，其西侧相距不远处为村中心的小庙（白衣阁）所在（图3-116）。南邻潘家街，与棋盘院和工字院并排而居，仍为潘家大院的一部分（图3-117、图3-118）。

在宫低院的正房花梁上书有"岢大清嘉庆十五年岁

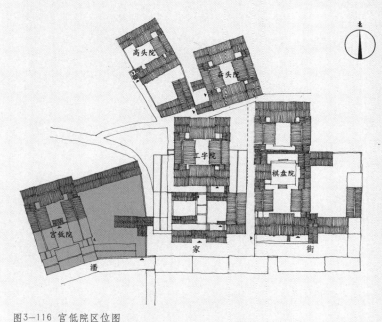

图3-116 宫低院区位图

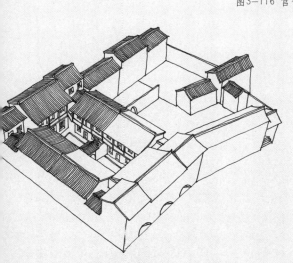

图3-117 宫低院轴测图

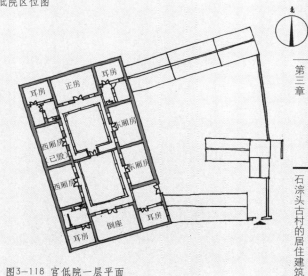

图3-118 宫低院一层平面

次庚午五月初二日宜用卯时上梁创修堂房十四间宅主潘锦麟自修之□祈保合宅平安永写志耳",可见该宅建于嘉庆十五年,晚于工字院与后头院的建设时间。

②空间格局

宫低院原先的入口位于过街门楼西南不远处,由此入门进入第一个院落(图3-119),北侧三座建筑以及门上刻有朝阳院三字的建筑以及现存宫低院落第一进院子的建筑均为后期所建,原先院落毁损较为严重。据现在宅主回忆,宫低院里外应有三进院,东边的院子用以豢养牲畜并作为磨房所在。

西侧的院落分为前后两进"八卦院"(图3-121),入口设于院落的东南角,院落中间还筑有一个院门(图3-122)。现存的西侧院落第一进院落已毁。据回忆,宫低院前后两进院落布局为对称,原先的倒座依旧利用地势产生的高差在底层建造了窑洞,倒座在院内看来为两层,在外面的潘家街上看来则为三层,最底下的一层为三口窑洞,用以存储东西。以坚固易于承重的窑洞结构为基础,上层承托砖木混合型房屋,这样的做法既处理好

图3-119 宫低院入口处

图3-120 宫低院南立面

图3-121 宫低院院景

图3-122 宫低院过门

了内外的高差矛盾，又节约了空间，使结构功能更加合理。现在依旧能从墙基石看出当年的格局。在西南角一层设置有厕所，面向街道为公共所用，二层（即从院内看时的一层）西南角设置的厕所则为院内生活所用，排泄管道距离较近，大大减少材料的使用，同时也便于清洁。与倒座并排，在东侧的院子设有四间房子，为下人居住的下人房。

第二进院落，由正房与东西厢房以及二院门围合而成（图3-123~图3-125），院落尺度相对其他几个大院紧凑，东北的耳房为三层，西北耳房则为两层。院落一层的各房间由院子相连，而二层的楼梯则位于东西厢房的正面，东厢房的二层外廊与正房的外廊相连，若要进入正房二层就得经过东厢房的楼梯。东北与西北厢房的耳房设有独立的石梯，与正房厢房的出入不交叉，流线清晰明了。东北耳房的三层则由二层房间内部的楼梯进入。

在西北二层耳房内，北墙上嵌有一暗格（图3-126），其下的夹层深达一层，中间可看到铺设有几层木板。在清代，宅主将屋内的贵重物品以袋子或者粮食以绳子吊入这个暗格内，然后将木板盖于二层楼板持平的地方，这样的伪装可有效防止贵重物品被盗。

图3-123 官低院二进院正房

图3-124 官低院二进院东厢房

图3-126 暗格

图3-125 官低院二进院西厢房

图3-127 东部组团潘家街以南部分区位图

3. 兄弟院与街花院组群

（1）院落群组背景

兄弟院的修建时间均为清嘉庆年间，街花院修建于道光年间，修建时间和地理位置有一定的关联性，故作为一个院落群组研究（图3-127）。兄弟院是在清朝末期潘家生意没落时卖给樊家人的（图3-128），街花院则在民国期间被王家人买去。

兄弟二院原为一家，由影壁院和圪垛院组成，两个院子几乎在同时期建成，后来分家时影壁院分给哥哥，圪垛院分给弟弟，这也是按照"哥东弟西"的居住习俗来分配的。街花院的历史无从考证，但是其院墙与影壁院之间是共用关系，从建筑保存的情况和位置可判断为同一时期修建（图3-129）。相比兄弟二院的布局形制，街花院仿佛是这两院在西侧的一个点缀，除了对空间格局的顺应，猜测其还有风水上的作用。据影壁院现房主樊东路（生于1952年）讲述，街花院的位置可镇压住道路交叉口处不祥的"煞气"。

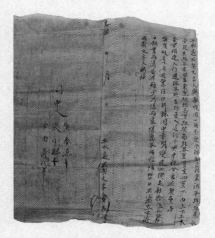

图3-128 影壁院房屋买卖合同

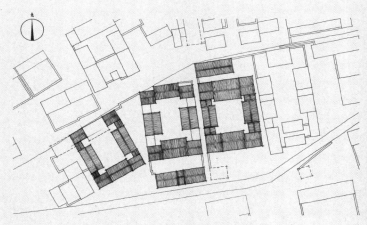

图3-129 兄弟院落群组总平面图

（2）空间格局

此院落群组位于全村中心偏东侧，北靠前头、后头院群组及宫低院，南侧是影壁街，西邻道路交叉口，东侧建筑已被拆毁后翻盖。

三个院落均是砖石材料砌筑，结构统一。街花院与兄弟院呈一定角度的倾斜，二者之间缝隙便修起了窑洞，窑洞南侧垒起了街门院墙，与相邻的影壁院相接（图3-130）。其中有三口窑做马房用，另外的是厕所和小仓库。这样的围合就在侧窑与影壁院之间形成了一个狭长的院子，院子与影壁院内部正房耳房及街道连接，从外院墙的拴马石可推测，这样的设计创造了一条正房耳房到侧院马房的路线，这样主人便可不通过大门驾马离开院子，再加上侧院前有可以遮蔽视线的小影壁，不失为逃生的一种好方法。侧院与街门院墙之间也砌有小影壁用来遮挡视线。

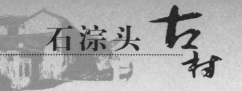

圪垱院是向北错开的一个地窑，功能类似于马厩之类的辅助用房。而兄弟二院在东西向一致的一进院都是标准的"四大八小"式院落。两兄弟院在总平面图上呈南北方向的错位排布，影壁院偏南，圪垱院向北，与西侧的街花院散列分布在村东侧的影壁街上（图3-131）。

圪垱院中心位置有一块奠基石，整个院落以其为中心对称，院墙高大，格局严谨，历经沧桑之后更显其古韵悠然。院子四周建筑都有二层挑廊，和影壁院一样，圪垱院的庭院尺度较大，大的室外活动空间提供了充足的日照。与影壁院不同的是，圪垱院向南退回一定距离，从建筑区位上体现了兄弟之间的长幼有序。配以街花院的倾斜，就更显院落之间的主次关系。

图3-130 兄弟院落群组之间的连接

图3-131 兄弟院落群组首层平面图

兄弟二院都有山区住宅建筑形式——"窑"，这里的窑是在平地上用石、砖、土坯修筑的拱式窑洞，它不同于山坡掘土挖洞而居的窑洞，却广泛应用在石淙头村的民居里，可作为马厩、仓库、佣人房等。

院落群组南侧是影壁街串联至村西头。作为村中主要街道节点性空间的院落群组，三个院的形制都很好地契合了街道的形态，并且通过对山势的利导为其北侧潘家街提供了整齐的街巷空间，拉开了街道之间的层次（图3-132）。

院落群组对街道的贡献是为其北侧院落提供了缓冲空间，街道形制的蜿蜒也为院落群组内部小空间的利用（如后院、马厩等）创造了灵活的可能性。道路格局和院落群组的分布相得益彰，紧凑的布局使得院落最高效地处理了两条道路之间的"夹缝空间"。二院相隔十分紧密，中间起分隔作用的是一条南北方向的小巷道，巷道十分狭长，显得封闭、静谧而亲切，并随着地势的高低呈坡度变化。巷道在两院正房连接处有拱门，空间变化明显。两侧院墙的屋顶高度及立面形式变化，使得这条小巷富有特色。在空间上，街花院的倾斜是为了顺应潘家街的倾斜，与北侧的建筑组团一致。这也体现了石淙头村的建筑对基地特点的顺应。

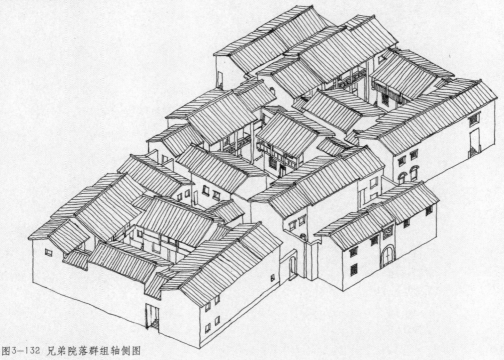

图3-132 兄弟院落群组轴侧图

(3) 主要院落

①影壁院

影壁院名字的由来是因院前原有一大影壁，以蓄风水。据樊东路[1]老人讲述，影壁宽约5米，高10余米，是此街原来的地标性构筑物。影壁院的门楼不仅使原院子的大门具有标志性，还可做瞭望之用。第二进门开在倒座东耳房处，与前院倒座房构成长9米、宽5米的前院公共空间。古时立影壁是身份与威严的象征，进门的砖雕影壁是四边菱形墙面，与大门外的影壁呼应。

影壁院南侧有一个前院，前院倒座佣人房正中是原来大院的正门，上有"绿带青环"几个大字，形容院落靠山面河的地理位置，也象征院子老主人地位之显赫。根据花梁记载，影壁院是在嘉庆十七年由主人潘萃麟修建的，影壁院的倒座在道光六年才修建完毕（图3-133）。

影壁院的倒座和正房一层都设有通廊柱，二层设廊子以防水。楼梯设置为两楼一梯或一楼一梯，交通布置很好地考虑到了正房二层及西侧耳房的私密性。有别于其他"四大八小"布局的是，影壁院正房的两个二房北墙不与正房平齐，向南退了约1.5米的距离。东侧被后人砌墙围合住，以形成整齐的街巷空间；西侧的退让则和西面的街

图3-133 影壁院倒座正视图

---

[1] 樊东路（生于1952年），石淙头村民，现拥有影壁院倒座房

花院形成空间衔接。影壁院的木雕尤其是正房的木雕十分精美，在山川阻隔、信息封闭的年代，能有如此精美之雕刻，也体现当时人们生活品质与情调的高雅（图3-134）。

②圪垯院

"圪垯"是当地的方言，意为"圆圈"。据房屋主人和周边的居民介绍，在1958年以前，现在的院落前面有一个10米见方的内院，由现在的南立面及三面院墙围合而成，故称"圪垯"院。潘家梁兄弟初期聚集财富，先建成了西侧的影壁院，在建设"圪垯"院时潘家的生意出现变故，便在院前简单地建起了三面围墙而未建房屋。后院墙被拆毁，就形成了现存的院前空地（图3-135）。

圪垯院的正门开在倒座东侧，既可与影壁院正

图3-134 影壁院正房二层连廊处理

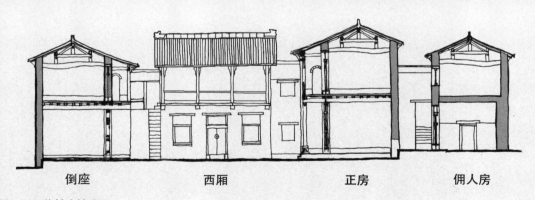

图3-135 圪垯院剖面图

中间的开门区分开，又符合其作为弟弟居住院落的地位（图3-136）。圪垯院北侧原是家里饲养马匹的院子，马房墙厚从630毫米到810毫米不等，做成了窑洞的形式，和影壁院的马房类似。窑洞下沉的形式为上面的二层提供了空间，建筑都建在高于庭院的台基上，这点与影壁院是相同的，目的是方便排水。

石淙头古村 | 山|西|古|村|镇|系|列|丛|书

图3-136 圪垯院内透视图

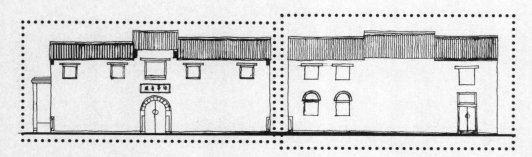

图3-137 兄弟院二门立面对比图

　　整个院落的院墙大部分为510毫米厚，一顺一丁形式。只有正门入口处西侧墙厚780毫米，起到一定的防御作用。正房雕刻精美的柱础由植物等吉祥图案组成，整个院落以石雕、砖雕和木雕为主，细部装饰简洁大方，如正房和倒座的门窗、斗栱、雀替、挂落等，厢房的次之，只有挂落、雀替和额枋木雕（图3-137）。

③街花院

　　街花院的名字是村里人约定俗成多年流传着叫下来的，并无考证。背对潘家街，与影壁街相倾斜的空间格局使得街花院在村落中较有特点。街花院与小庙隔街而对，形成对村中空场的一种围合。由院落的地理位置可猜测，"街花"可能得名于其是影壁街与潘家街汇合处的一个精致小院，更为难得的是古人如此的奇思妙想。与其他院落相倾斜的街花院用地为8米见方的方块地（图3-138）。房屋每边三间二层，形成正方形院落，是典型的"四大八小"布局，堂屋是主房，略高于其他三面。

　　街花院虽地处交界的高差处，但还是将地面修整平坦，然后按照院落形制修建，很好地处理了与周边建筑的关系。街花院的存在很好地解决了地势问题，做到了平整地势，引路上山。从残存的正房与西侧房屋的连接可知街花院在空间上与其他院子的联系，据猜测可能是耳房逃生的出口（图3-139）。

　　街花院处于潘家街与影壁街的分叉口处，与其他院落略呈倾斜的房屋朝向使其突出于院落群之中。街花院位于村落前空场一隅，起到主导公共空间的作用。街花院与影壁院之间的院墙也为潘家街的形态提供了整齐的界面（图3-140）。街花院与影壁院呈一定角度的倾斜，对夹角空间的处理使之形成了马房和小院。

　　大门在西面一个角上，既呼应公共空间又避免在影壁街设置另一个小影壁。整个院子四个角也形成四个抱角天井，入口处形成下沉天井而无楼梯设置，另外三个天井处的楼道

图3-138 街花院内透视图

图3-139 街花院入口处天井

设置使得人行动方便。二层连廊串接东厢与倒座房，并且厢房二层的廊子与正房二层都有很好的隔离（图3-143）。这个贯穿两个开间的通廊的形成是由建筑较高的形制决定的，这样就减少了挑廊与地面的联系。

图3-140 街花院通向其他院落的路径

图3-141 街花院被毁正房新建的建筑

【第四章】

石淙头古村的 公共建筑

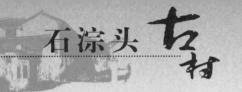

一、概述

村中只有少量的公共建筑，如大庙、小庙等几处祭拜场所，反映了村民的佛家和道家信仰。从一些公共建筑内的碑文记载可知这些百姓祈福之地都是村里的大户人家集资修建的。清代开始，每次集资修缮之后都要立碑以标榜厚德之人。石淙头村现存的公共建筑主要是庙宇和墓阙，墓阙由于盗墓，毁坏程度较大，现主要介绍庙宇建筑（图4-1）。

图4-1 地处村中心的小庙

庙是旧时奉祀祖宗、神佛或前代贤哲的地方。在石淙头村有大庙、小庙、观音庙等庙宇建筑，主要修建于清代时期，此时古村经商兴隆，人才辈出。三座寺庙是信奉儒家和道家的村民极大的精神寄托，尤其是在节庆时节，总有庆典和祭祀活动在此举行。

二、总体布局

作为村民信仰的重要精神载体，石淙头村庙宇建筑的分布充分体现了"天人合一"的思想：大庙在紧邻老龙汶和看河亭的村落最西端，小庙在村落的东西交界处，观音庙则位于凤凰山上，都体现了各自的文化底蕴。大庙在村落空间的尽头，与壮观的温塘呼应，小庙在空间上和位于凤凰山的观音庙形成对位关系，位于村落东西序列的中心区域。在空间高度上，观音庙处于制高点，大庙次之，小庙最次。

散落在村中的三座庙宇以其较大的空间跨度和密切的位置关系阐述了石淙头村对庙宇建筑与居住建筑之间关系的考量。大庙位于村落最西端，按照村中老人讲述的房屋自西向东的修建顺序，大庙因其紧邻老龙汶的地理位置，是石淙头村建筑序列的开端，引领了全村建筑的分布。大庙、小庙及观音庙分隔于民居的独立建造方式，也体现了神灵在村民心中的神圣地位。

三、建筑分析

1. 大庙

大庙是村中规模最大的一处庙宇建筑，顺应地势高差，南屋以条石做基础，南立面庄严至高。大庙位于街道的转向处，道路呈高起之势。大庙在潘家大院的西南侧，空间上低于潘家大院，体现了潘家人修建大庙时对家族身份地位的捍卫（图4-2）。

大庙正殿供奉龙王爷，东厢房供奉黑虎爷，西厢房供奉马王爷。大庙最热闹的时间是每年农历六月初六的庙会，南边二层的戏台

图4-2 大庙外观

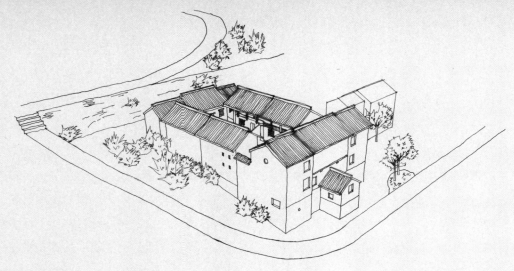

图4-3 大庙轴测图

是村民们表演本地戏曲的地方，由此可见石淙头村民对大庙庙会的重视(图4-3)。一进院落里，东西各有两间厢房，是为了提供更多看戏的空间，厢房的二层也是和戏台一样的带围廊的观众座席。

大庙正殿东、南、西三面墙上的壁画体现了画师的匠心独运，从碑文"揭盖白龙大殿序"可推测彩画的内容是与龙的传说有关的神话故事，与老龙汶的传说相呼应（图4-4）。彩画存在于正殿的东、西、北三侧墙壁上，据樊东路老人讲述，毁坏前的大庙正殿门前有两根圆柱，柱上盘绕着两条龙，分别是青龙和火龙，二龙呈飞起之势，是老龙汶里龙王子孙的象征(图4-5)。

拾阶而上，有九级台阶，由于正殿进深有限，在院子里行祭拜礼的人就在台阶

图4-4 壁画位置

图4-5 壁画内容

上摆放香炉行礼。正殿最北侧是进深1米、长约2米的供奉台,现在仍有红色的绸布放置在台子上(图4-6)。大庙供奉祖师爷、玉皇大帝和孔夫子,虽然不明确三像的具体供奉位置,但村民在祭拜时都秉着各路神仙互不干扰的规矩。大庙因其得天独厚的地理位置和供奉神灵的庄

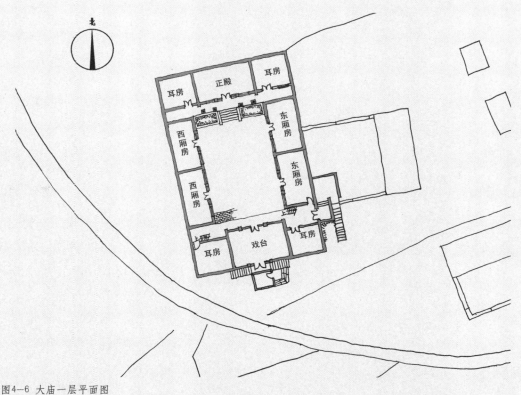

图4-6 大庙一层平面图

图4-7 大庙北屋现状

图4-8 大庙正殿所载建庙历史

严性成了石淙头村民心中最崇高的庙宇建筑。

龙的红白双色也和壁画上的主要颜色一致。光绪十七年，因屋宇日久失修，"窃闻神威显镇四方悉属鉴临圣德常昭万姓均尝覆庇虔诚报答福造无疆村西有一白龙圣庙年沿带远由来旧矣日久而神殿颓坏□木凋零风雨屋漏观者目之而神伤为秉凤张公同二三有为竭力捐资村众亦勇□乐施于是理正殿三间左右角殿六间□□间而□犹重新工竣问序于余不□固陋因濡□以记□盛云尔"[1]，此段文字记录了大庙的修葺过程和作出主要贡献的村民，可见当时石淙头村民对庙宇建筑的重视和村民生活的丰富（图4-7）。撰写碑文的是"阳邑庠生段雨周"，即请阳邑村秀才段雨周写的，与外村沟通之密切也体现石淙头村当时的繁荣兴盛（图4-8）。

---

1 大庙正殿碑文一处。

2. 小庙

小庙地处村落中心，因其没有大庙那样宽阔的院落和热闹的庆典，故村里人称其为"小庙"（图4—9）。小庙供奉的是被村民称为"四爷爷"和"四奶奶"的泥台像，在"四爷爷"和"四奶奶"面前还摆放了若干个形态似小孩的"小娃娃"，因为"四爷爷"和"四奶奶"是传说中保佑村民子嗣绵延的神灵。过去村中年轻人新婚后都通常都会来小庙求子，并拿走一个神像前的小娃娃回家供起来，生完小孩后再把娃娃送回小庙，并再次祭拜上香以示感谢。虽然有一些迷信色彩，也体现了石淙头村丰富的民俗文化。

图4—9 小庙南立面

小庙地处樊家街与潘家街的交汇处，空间位置在整个村中至关重要，它是村落东西组团的分隔节点，沿着小庙的中轴线能找到凤凰山脚下与之对应的观音庙（图4—10）。

小庙的修缮一直是向全村募捐，届时村中大户会慷慨解囊，他们的功德也都会被篆刻成碑，嵌在小庙的房屋外墙上（图4—11）。小庙中一共有碑三块，刻碑时间是清嘉庆和道光年间，可见这段时期村民的生活大抵是富足的，村民对庙宇的修缮也是热心的。

小庙原是一个典型的四大八小的四合院，南屋被用作入口的灰空间，院子8米见方，在小庙的东西厢房的外墙上各有碑文，"好善者乐施常也，□□庙中有施香□者，有施□者，有施钱财者，□皆好善之念所感而□动也。今□□歼传潘□福兴高□神前施地五亩，地亩有□□□□穷，自前有禅于住持无论□。即于□□代□神前香烟不竭烟，□常明感麟龙而□瑞□熊□以呈祥。其所以有 松香□奠财□费者，□不远且大□是□□。不铭之以为好善者志……"碑文详述了小庙修建时的情况，还记载了"嘉庆五年七次庚申一月谷旦立"，

山｜西｜古｜村｜镇｜系｜列｜丛｜书

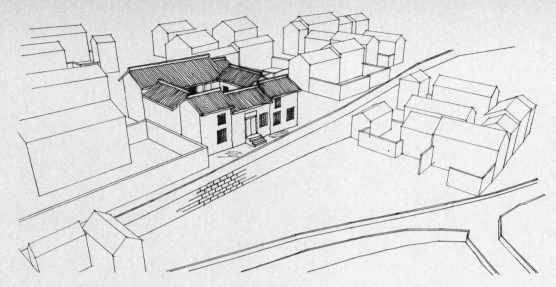

图4-10 小庙轴测图

图4-11 小庙碑文

小庙的修建时间在大庙正殿之前，可看出村民最初祭祀的地点是小庙，对儒家思想的尊崇也是在清代就有的。

小庙的修建是潘家人尊崇教育的体现，现今的村民也对这一思想有自己的传承：村民集资在距小庙不到200米处修建了石淙头小学，按照惯例，小学里也立碑记载为村子教育作出贡献的人和事迹。虽然在新中国成立后小庙被充公做了村里的医疗站，但因其悠久的教育思想和核心的地理位置，小庙在石淙头村民心中仍有精神的延续。

3. 观音庙

观音庙，又称"小庙庙"，是供奉"观音菩萨"的地方，由于其位于村落南侧的凤凰山上，也被称为"南阁"（图4—12）。从古至今，每逢春节，村民都会来这里祭拜并贡奉，祈求新一年的幸福生活。

观音庙位于凤凰山的山脚处。据村中传说，观音庙是古时候由蓄意破坏风水的"南蛮

图4—12 位于山腰的观音阁

图4-13 观音庙外观

图4-14 观音阁内供奉的菩萨

图4-15 观音阁内部结构

图4-16 穹顶上八卦图

子"教唆村民修建的，其地理位置在"凤凰双翅"之间，从风水学上讲是压破了这里聚集的"气"（图4-13）。由于潘家兴盛在先，"南蛮子"修庙破风水在后，故可推断南阁的修建时间在潘家由盛转衰的节点，即约为嘉庆年间（图4-14）。

南阁的建筑由独立的内外"两层"构成："内层"内堂为八边形的砖拱建筑，八条拱肋顺接屋顶正中心八卦图的八个顶点，这里便是祭拜的堂室，内堂内墙是八边形，外墙却是四边形（图4-15、图4-16）。"外层"是四片墙组成的围护结构，墙厚约350毫米，外观是正方形。

内外"两层"之间形成了一个环绕内堂的环形走廊，廊宽约1米，沿着内廊走到建筑北侧，便可以在开放的柱廊上眺望到对面的小庙（图4-17）。柱廊由两侧的外墙和中部的矮墙及两根柱子组成，观音庙的四角攒尖屋顶便是由墙体和这两根柱子支撑的（图4-18）。

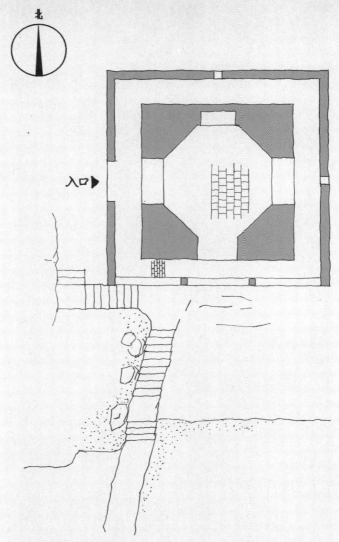

图4-17 观音庙平面图

除此之外，经老村长潘永章（生于1949年）讲述，村中原有一名为"红阁"的大庙堂，"红阁"供奉祖师爷，曾是村中百姓祭拜的重要场所。"红阁"位于村落西边的大平地上，坐南朝北，形制威严，约在1958年时被拆除（图4-19）。潘永章书记还提到村中的一

座高塔，但早在1946年以前就以破除迷信为由拆毁了。

综上，虽然石淙头村现存的庙宇建筑不多，但倘若时光倒流，便可知这座小村落特有的民风古韵是与村民对"神灵"的信仰和祭拜分不开的。

虽然石淙头古村没有全体村民统一的宗教信仰，但是从各种形式的宗教建筑来看，这里的村民有着最原始的天、地、人统一的自然信仰，他们简单而又虔诚地对自己所信奉的神灵进行祭拜和感恩，这便是一个古朴的村落对大自然最好的回应。

图4-18 入口视线三门窗嵌套

图4-19 红阁遗址

【第五章】石淙头古村的装饰艺术
ZHUANGSHI YISHU

石淙头村的装饰形式丰富，题材多样，以砖雕、石雕和木雕为主，经历了多年的风吹雨打与历史变革，仍然有大量的装饰保留下来。其装饰艺术承袭沁河流域装饰艺术的精华，同时又自身发展出了有别于沁河流域其他聚落独特的装饰造型艺术，为我们了解以及研究该地区的装饰文化提供了鲜活的素材。

一、匾额

匾额，亦可称作"匾"，是一座建筑的点睛之笔。在东汉许慎所著的《说文解字》一书中这样描述匾额，"扁，署也……署门户之文也。"其意是在门户上题字，以作居室的标志。古民居的匾额见证了历史，记录了先民生活状态，为建筑内外环境营造出一个精神文化空间。

石淙头村现存完好的匾额不下三十块，有木质、石质和砖质。村里的匾额多见于院落的大门上或者分隔街巷的券门上。其中木质的匾额多位于院门上，由于屋檐的保护，历经风雨依旧完整。砖质以及石质匾额因为其耐风雨的特性，多用于宅院大门的门洞之上。

匾额上所题的内容通常反映了主人的爱好德行，表达了主人对于生活的企盼以及对后人的警示，所题字多为四字词语。匾额的内容涉及广泛，有赞誉环境美好的，如"绿带青环"、"水碧山青"、"南山拱翠"等；有祈望福祉的，如"河阳泽永"、"肇开灵秀"、"居处延禧"等；有鞭策警醒的，如"食德饮和"、"敦朴守诚"等；也有题宅名的匾额，如"满绿轩"等。

在古村落东门上的匾额刻有"峰凝紫气"（图5-1）。紫气在古代常视为祥瑞之气，现在也常有"紫气东来"一说。在《史记·老子韩非列传》中有这样的话："老子西游，关令尹喜望见有紫气浮关，而老子果乘青牛而过也。"潘家先祖在东门处题峰凝紫气，表明了潘家先祖企盼家族祥和瑞气之情。

东门斜对有一券门，上匾额书"河阳泽永"（图5-2）。"河"指黄河，所以"河阳"即为黄河的北岸；"泽"意为恩泽；河阳泽永，亦可释为河阳永泽，黄河之水永远滋润着村落，寄托了潘家人对于生活的美好祝愿。此券门的南侧另有一券门，匾额上砖刻有"以碧山为屏风"（图5-3），足可见潘家先祖的风雅。

图5-1 东门"峰凝紫气"石质匾额

图5-2 "河阳泽永"石质匾额

图5-3 "以碧山为屏风"砖刻匾额

  走过"河阳泽永"牌匾下的门洞，回头望去，二门并立，"河阳泽永"匾额背面的匾额则通过变化砖的砌筑方式，以砖的进退凹凸形成别具一格的字体。"出入相从"（图5-4）四字，表明了对子孙后代和睦相亲的希望。北侧券门上刻有"居处延禧"（图5-5），意为在居住的地方请入吉祥，寄托着人们对于美好生活的追求向往。

图5-4 二门并立南边"出入相从"砖砌匾额

图5-5 二门并立北边的"居处延禧"石质匾额

　　棋盘院院门上的木质匾额上刻着"开门见山"（图5-6），与前面的"以碧山为屏风"相呼应。村落坐龙山面凤山，开门见凤山，满目青翠映入眼帘，风景独佳。棋盘西院为二进院，过厅后的二院门上的木质匾额上刻着"食德饮和"（图5-7）。唐杜甫诗："食德见从事，克家何妙年。"饮和一词出自《庄子·则阳》："故或不言，而饮人以和。""食德饮和"，就是饮食讲究均衡调和，以达到自身小宇宙与天地大宇宙的调和。棋盘东院现存的一个拱门上的匾额刻有"径领清风"（图5-8），精简地描写了村子的自然环境，侧面反映了主人家悠闲的心境。在院子内还有一块石质的匾额，来处已无人知晓，上面刻着"安居乐业"四字（图5-9）。

棋盘院西侧的大院为下院，正门依旧为券门，上嵌有青石材质的匾额，刻着"西郊余业"（图5-10），下人院的门上刻着"仰心此山"（图5-11），而东侧的书房院院门上用青石刻着"辑宁永建"四字（图5-12）。下院正房院门门楣上的木质匾额上写有"安常处顺"四字（图5-13），警示着潘家众人以及后人要知足常乐，侧面反映了潘家先祖对于平淡安逸生活的追求。

下院与宫低院之间有一过街门楼，背面嵌着青石匾额，一句"不愿乎幻"（图5-14），颇有仙家风范。

图5-6 棋盘院院门"开门见山"木匾额

图5-7 棋盘院"食德饮和"木匾额

图5-8 棋盘东院拱门上的"径领清风"砖质匾额

图5-9 棋盘东院的"安居乐业"青石匾额

图5-10 下院正门"西郊余业"青石匾额

图5-11 下院下人院院门"仰心此山"青石匾额

图5-12 下院书房院院门"辑宁永建"青石匾额

图5-13 下院院门的门楣上"安常处顺"木质匾额

与过街门楼相对的地方亦有两个券门，第一个券门上也嵌有青石匾额，可惜在20世纪80年代被拆掉，如今石匾被村民用作了门梁，只能看到露出的几个字"山境春□"（图5-15）。

影壁院大门门楼上的匾额为石质匾额，上题"绿带青环"（图5-16），二门上则为木质匾额，上题"□石风清"（图5-17）。石淙头村四面环山，村前长河流过，风景奇佳，正应了影壁院大门上的"绿带青环"。侧院的拱门上用砖石刻着"此间颇静"（图5-18），一句风雅之语写尽此院之娴静。

西头院的门楼上嵌着青石匾额，上书"瑞接南山"（图5-19）。院子二门门楣上则是

图5-14 过街门楼上的"不愿乎幻"青石匾额

图5-15 "山境春□"青石匾额

图5-16 影壁院正门"绿带青环"青石匾额

图5-17 影壁院院门的"□石风清"木匾额

图5-18 影壁院侧院券门上"此间颇静"砖匾额

图5-19 西头院券门"瑞接南山"青石匾额

图5-20 西头院院门的"居安资深"木匾额

图5-21 天罗地网院正门"旧德先畴"青石匾额

木质的匾额，刻着"居安资深"四字（图5-20），体现了潘氏家族对待学习的积极端正的态度。

西头院上方的天罗地网院，院子门楼上的青石匾额上刻着"旧德先畴"（图5-21），语出甲骨文《八言联洒金纸本》："室有尊彝，门无车马，家食旧德，农服先畴"，意即继承旧时传下来的道德，务农于先人种过的田畴，寄托了潘家先祖对于后人的企望以及对后人的训示。

天罗地网院下宫上院门楣上的木质匾额上刻着"树德务滋"（图5-22），出自《尚书·泰誓下》："树德务滋，除恶务本"，意为向百姓施行德惠，务须力求普遍，教育后世广施恩惠，由此可见潘家人乐于行善。

串联着上宫上院、下宫下院与窑底院的圪洞的尽头是一街门楼，门楼上青石匾额上书有"南山拱翠"四字（图5-23）。

上宫上院的门楣上亦有一木质匾额，镌刻着"峰峦毓秀"四字（图5-24）。

上宫上院旁边的小院门上砖刻"迪吉康"（图5-25）。

下人院的拱门上石质匾额上刻"敦朴守诚"（图5-26），敦朴，敦厚朴素，《史记·孝文本纪》："上常衣绨衣，所幸慎夫人，令衣不得曳地，帏帐不得文绣，以示敦朴，为天下先。"守诚，指做事要踏实本分，不逾越规矩，无妄念妄想，谨守自己的言行。这一匾额教导着潘家后人做人。

图5-22 下官上院院门的"树德务滋"木质匾额

图5-23 官上院的过街门楼"南山拱翠"青石匾额

图5-24 上官上院院门的"峰峦毓秀"木质匾额

图5-25 上官上院小院门"迪吉康"砖刻匾额

图5-26 下人院拱门的"敦朴守诚"石质匾额

图5-27 上西院院门的"情怀夷乐"木匾额

上西院院门上的木质匾额刻着"清怀夷乐"四字（图5-27）。

潘家宅院的匾额多且精美，用料考究，匾额上的用语不拘泥于常见的祝福企盼之语，很多匾额结合当地的自然风光与文化习俗，侧面反映了当时潘家先祖的文学造诣。潘家大院的匾额从书法艺术角度来说，不拘泥于同一风格，有端庄的楷字，亦有飘逸飞扬的行书。在现今缺少当年相关史料记载的情况下，潘家大院的匾额给我们提供了研究当年潘氏一族的重要文字资料。

二、柱础

中国传统古建筑中，柱子通常为木质，为了防止木柱受潮，以一石质柱础置于柱子的底端，避免木柱受到水的浸入以及硬物撞击，延长了木构架的使用期限，同时增大了受力面积，减少了基础所受的压力。柱础的形态多样，并且根据各地传统作法，雕刻出来的花样不尽相同，极大地丰富了建筑装饰内容。

石淙头的柱础样式多样，基本可分为普通方形柱础、复合型柱础、以及特殊样式柱础。

1. 普通方形柱础

石淙头村中的普通方形柱础多见于院子中的倒座房（村民称之为南房）一层，由一整块青石雕刻而成，尺寸较小，在外观上没有复杂的装饰造型，一般在柱础的正面背面中央刻有回字纹装饰，柱础四面留边，整体造型朴素大方。

后头院中倒座房的柱础即为普通方形柱础图（图5-28），柱础正面、背面花纹一样，以阳刻的手法在中心雕刻着一个"寿"字，四边以回形纹装饰。中国的文字不仅是一种语言，其装饰作用更是不可小觑。稍稍对文字字形做些变化，既是文字又是装饰纹样。

图5-28 后头院倒座柱础

"寿"字在建筑装饰中是常见的一类吉瑞字符。周边的回形纹则表达了源远流长、生生不息、九九归一、止于至善等种种含义。纹样与文字的搭配不仅样式合宜,在含义上也是相得益彰。

影壁院门楼处的另一处方形柱础的纹样则不同于其他的方形柱础(图5-33),上刻拐子纹。拐子纹又称拐子龙,纹样在缠枝纹的基础上,以龙头为起端,保持龙头的基本造型,将龙身进行纵横、曲折、拐弯变化而成。拐子纹中的龙一般称为草龙,纹样应用多加入如意纹来组成祥云,以衬托龙的腾飞感。可以说,拐子纹就是一种由龙变形的缠枝纹样。民间运用"拐子纹",图的是"拐"与"贵"谐音,有"贵子"的寓意,寓意子孙昌盛、安宁富贵等。龙管施云布雨,在民间传说中占据了很大的分量,是人们传统观念中信奉的保护神。

2.复合型柱础

石淙头中另一类最为常见的柱础为复合型柱础,从普通的民居到村中的宗庙建筑,随

图5-29 街花院正房柱础

图5-30 街花院倒座柱础

图5-31 下官上院倒座柱础

图5-32 西头院倒座柱础

图5-33 影壁院门楼倒座内柱柱础

处可见复合型柱础。复合型柱础是由多种不同的简单造型组合而成的新的柱础样式，其中上圆下方型居多，体现了"天圆地方"的传统文化内涵。石淙头村中的复合型柱础大致分为三类：第一类，鼓式与方形几腿座柱础；第二类，鼓式与六角几腿座柱础；第三类，方形与方形几腿座柱础。

柱础一般分为上下两段，上段有切磨成方形或样式较为饱满的鼓形，中间的束腰几乎隐藏于上枋的阴影之中可以忽略不计，下段为几腿座式，四棱或六棱的几腿以阳刻的手法雕成兽爪样，美化柱础的同时也起到保护转角的作用。一般下枋四面雕刻有方巾或以阴刻和浮雕的手法雕刻纹样。柱础整体形态稳重，尺寸上与柱径搭配得宜。

影壁院门楼的外檐檐柱下的一处柱础（图5-34），造型饱满，上段为鼓形，以浮雕的手法将鼓皮、鼓身、鼓钉雕刻出来，形态逼真。下段几腿雕刻成兽爪样式，四面皆以阳刻手法刻有方巾，方巾两侧以浮雕的手法刻着祥云。这例柱础装饰比较简单，简朴大气，上下两段比例适宜，使得柱础在视觉上舒适美观。

图5-34 影壁院门楼外檐部檐柱柱础

图5-35 影壁院门楼外檐部檐柱柱础（侧面）

山|西|古|村|镇|系|列|丛|书

图5-36 圪垯院正房外檐部檐柱柱础

图5-37 圪垯院正房外檐檐柱柱础（侧面）

图5-38 大庙戏台一层北面柱础

圪垯院的正房外檐檐柱的柱础（图5-36），相对于石淙头村其他同类柱础来说，装饰花样稍显繁复，上段为石鼓，几腿下部雕刻有兽爪，抹角处雕有如意纹样，正背面的几腿座中心阳刻回形纹，周边饰以回形纹，东西两面则雕刻盛开的莲花、莲花苞以及荷叶。莲与"廉"同音，表达了主人"出淤泥而不染"的情操。

大庙戏台一层正厅北墙的一例柱础为鼓形六角几腿座柱础（图5-38），与村中其他柱础的石料不同，颜色较深，与石柱材质相同，上段的石鼓鼓肚突出，上下鼓皮内收较大，中间束腰较短，下段为六角形几腿座，几腿座的下脚以浮雕手法雕刻成兽爪样，样子栩栩如生，下段几腿仿制兽腿的弧线，造型优美而有气势。几腿的上部抹角处以浮雕手法雕刻出如意纹样，下段六面均阳刻如意纹样，曲线线条流畅，气势宏伟，整体造型磅礴大气，较为稳重，雕刻工艺精湛。

大庙正殿檐柱下的柱础为方形与方形几腿座柱础的复合型柱础（图5-39），上段为圆角的四方体，四面均以阳刻与浮雕手法，雕刻出层次分明的三层方框纹，在四角加以变化。造型不繁复，装饰花纹也较少，符合现代简洁的审美要求。下枋四面均雕刻有方巾，方巾上以浮雕的手法刻着一个"岚"字。

3.特殊样式柱础

影壁院中正房的外檐檐柱的一例柱础不同于村中其他的柱础,为鼓镜莲花柱础(图5-41)。柱础整体只有一段,仿照佛教文化中常出现的莲花座台刻出两层莲花纹,柱础曲线弧度优美,整体造型简单却充满了宗教文化感。

图5-39 大庙正殿内柱柱础

图5-40 大庙正殿内柱柱础(侧面)

图5-41 影壁院正房外檐檐柱柱础

图5-42 影壁院正房外檐檐柱柱础(侧面)

三、雀替

雀替是中国传统建筑的特色构件之一，又称插角、托木或牛腿，是常用于建筑中的梁或阑额与柱子相交处的三角形木质构件。雀替基于力学原理，伴随装饰文化的发展，发展成为集审美与习俗、装饰与实用于一体的建筑构件。

石淙头村中的雀替均为木质，基本可分为三类。一类是常见合院二层檐柱之间的通雀替；一类是常见于合院正房一层额枋下的骑马雀替，有些院落的厢房二层也是这种雀替；一类则是纯粹装饰性的花牙子雀替。雀替常见于外檐柱头处，花牙子雀替常见于院门上，常为花卉装饰。

1. 通雀替

石淙头村中现保存完整的简单的雀替大多与影壁院中合院二层的雀替一样为通雀替（图5-43、图5-44），通雀替穿越柱头，挂落上以平雕的手法刻着卷草纹，纹路清晰，线条流畅，简单不失大气。

图5-43 影壁院二层外檐雀替

图5-44 棋盘院二层外檐雀替

图5-45 小庙正殿外檐柱通雀替（中）　　　　图5-46 小庙正殿外檐柱通雀替（边）

小庙正殿外檐柱的四例通雀替是石淙头村中保存最为完善的一组雕刻样式精细的雀替。花纹为对称式，中间两柱的花纹一致（图5-45），两端两柱的花纹一致（图5-46）。中间的雀替上刻以莲花为主的宝相花，枝叶繁茂，造型丰富。两端的雀替雕刻着雏菊，细节丰富，手法细腻，另一侧则以高浮雕的手法雕刻着多层的四瓣花，花叶栩栩如生，巧夺天工。

2. 骑马雀替

另一类石淙头村中比较常见的雀替是骑马雀替。宫低院合院二层的这例雀替（图5-47）横于枋下，以浮雕的手法刻着拐子纹，中间纹样较大也较简单，两边雀替厚度增加，拐子纹层次丰富，挂落上部以龙头为饰，龙尾盘旋而成拐子纹，代表子孙连绵不断。整个雀替由中间向两边形成有变化的折线，在符合雀替力学原理的同时节省材料，也使得雀替的整体造型更为丰富。同样的雀替在圪垯院中也能见到（图5-48）。

3. 花牙子雀替

宫上院上宫上院的院门上一例雀替可谓是石淙头村中保存得最完好、做工最为精细的雀替之一（图5-49），它是典型的花牙子雀替，属于纯装饰无实用的雀替。整个雀替由横枋与挂落组成。枋的两端以高浮雕的手法刻着菊花，枝繁叶茂，有恣意绽放之态，亦有含苞待放之态，花朵层次鲜明，花瓣形态逼真，枝叶前后层次有别，立体感极强。在传统文化中菊花有着吉祥、长寿的象征意义，又常寓意着清净、高洁、品格高尚。挂落上部以镂

| 山 | 西 | 古 | 村 | 镇 | 系 | 列 | 丛 | 书 |

图5-47 官低院厢房二层外檐雀替

图5-48 圪坮院正房二层外檐雀替

雕的手法刻着如意祥云，寄托着主人对于家族的美好祝愿。中部雕刻着四瓣花枝叶茂盛，叶如祥云，雕刻手法精湛，细节刻画十分到位，形态逼真。下端以回形纹收尾，纹路清晰。整个挂落的雕刻一气呵成，尤其是以菊花的一开一合生动地表现了菊花盛开的动态美感。雀替整体华丽精美，选

图5-49 上官上院院门上的花牙子雀替

材雅致，侧面体现了主人的艺术品位。院内屋檐下的雀替较之院门上的雀替简单，枋两端没有高浮雕雕刻的菊花，但挂落上的雕刻与院门保持一致。

四、门窗格扇

1.门窗

石淙头村中的门窗技艺成熟，纹样多样丰富，有着浓重的民俗风情。村中常见的门窗纹有方格纹、雷电纹、斜格纹、灯笼锦、龖亚纹、柳条纹等纹样（图5-50）。

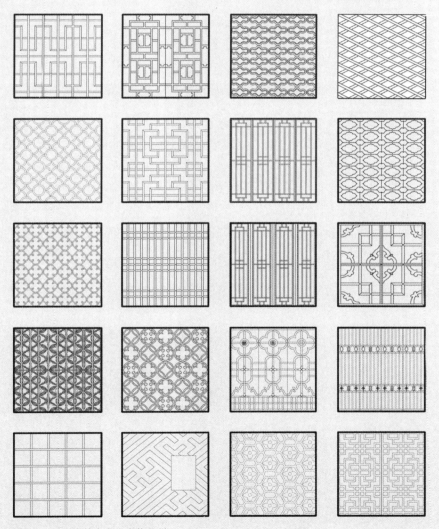

图5-50 石淙头村中常见窗格纹样

山|西|古|村|镇|系|列|丛|书

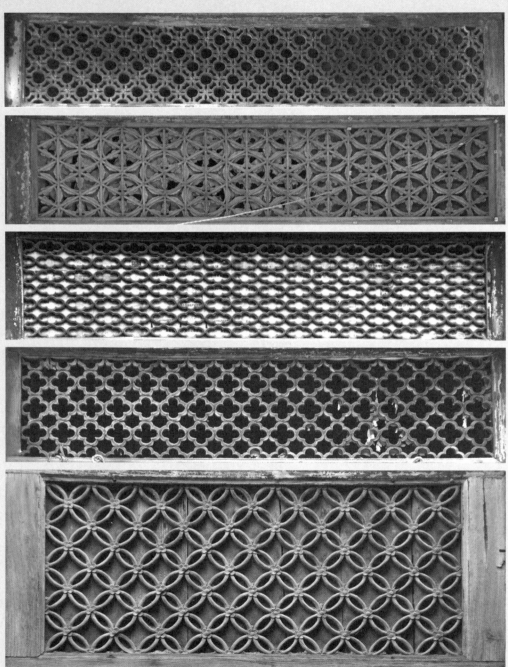

图5-51 石淙头村中窗格纹样实例

图5-52 官上院大门二楼门楼窗

图5-53 下院倒座门窗

2.门帘架与格扇门

石淙头村中院落正房与倒座均设置有门帘架,用以挂帘来保证冬天的室内温度,夏天则可以防止蚊虫进入室内。整体造型简单,一般配有简单的传统纹样。

格扇门是以格扇作为门扇的形式。格扇是一种较为通透的框架,一般先用方木做成框架,其长宽比约为4∶1或3∶1,框架分为格心、裙板、绦环板等几部分。石淙头村中的建筑正房与倒座一层的门窗均采用格扇形式。格扇门根据建筑开间决定数量。石淙头村中的格扇门一般为四扇,格扇纹样繁多,华美雅致。

下宫上院倒座这例门帘架(图5-54),中心图案为波浪纹,曲线变化规律,图案以小单元重复构成,整齐有序,帘架两侧装饰着精美的宝相纹,帘架的钩挂处雕刻成如意样式,寓意着吉祥如意。

倒座格扇上的直棂之间饰以卧蚕,卧蚕相对,横批窗则是简单的斜格纹,以简单大方衬托格扇的精美。

图5-54 下官上院倒座门帘架与格扇门

上宫上院倒座的门帘架（图5-55），已经演化为门扇上的一种装饰，格心图案与下宫上院图案同为波浪纹，帘架则以浮雕镂雕的手法雕刻着丰满的葡萄，寄托着主人多子多孙、福泽绵延的心愿。

格扇是一码三箭纹，裙板上也没有装饰，整体简洁大方。格扇上的横批窗的图案则稍显繁复，由几何圆形与十字形两种图案重复而成，十字形图案的中心雕刻着四瓣花，图案富有韵律美、均衡美。

屹垡院正房的一例门帘架（图5-56），格心图案纹样构成丰富，具有层次感，由圆形、圆弧、波浪等图形组合而成，秩序感强烈，富于节奏和韵律，为三交球纹菱花纹，样式复杂。帘架下端饰以变化的回形纹。

格扇为简单的柳条纹，直棂之间嵌有万字纹与各色花卉，每扇门上上下都有一字，组合起来为"治生耕□，行乐田园"，寄托了主人对于生活的美好追求。门的裙板上也雕以如意纹样。横批窗的花纹与门帘架的花纹一致，整体看起来精致华美。

街花院倒座一例门帘架（图5-57），格心图案为简单的直棂，左右刻有梅花插瓶，下端左右雕以梅花，中间饰以卡子花和卷草纹，帘架左右也雕有线条流畅的卷草纹。

格扇是简单的方格纹，直棂之间嵌有U形纹。倒座的窗扇同是简单的方格纹，不同的是直棂之间嵌着套方纹样和套圆纹样。

上西院倒座的一例门帘架的格心图案为雷电纹（图5-58），左右各刻有宝相花。

图5-55 上官上院倒座门帘架与格扇门

图5-57 街花院倒座门帘架与格扇门

图5-58 上西院倒座门帘架与格扇门

图5-56 圪垯院正房门帘架与格扇门

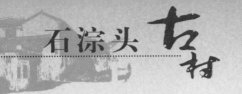

图5-59 西头院倒座门帘架与格扇门

图5-60 下院倒座门帘架与隔扇门（细部）

格扇门上的花纹为简洁的一码三箭纹，横批窗是斜格纹。

西头院正房的门帘架（图5-59）由于年代久远，格心的图案已经损毁，但格心四周镂雕的小龙纹以及中间的兽头得以保存下来，木雕纹路清晰，图案精美，两边饰以卷草纹。

格扇门的纹样为简单的步步锦，直棂之间嵌有U形纹。横批窗的纹样为灯笼锦花瓣纹的单重纹样，大面积整齐划一的纹样装饰，整齐有序，简洁大方。

下院倒座的一例门帘架（图5-60），格心为雷电纹，雷电纹上雕刻着"福禄寿"三字，文字通过艺术变形后与周边的图案纹样协调，增强了门帘架的装饰性和趣味性。福禄寿在中国传统文化中通常寄托着国人对于福寿安康生活的追求。门帘架的左右镂刻着小龙纹，龙尾折叠形成的回形纹层次丰富。

图5-61 下院倒座门帘架与格扇门

格扇门的花纹为步步锦，直棂间嵌有U形纹。横批窗为单一的灯笼锦纹，仿花瓣形状，单一重复而成的纹样规律性强，有秩序感。

图5-62 影壁院倒座门帘架与格扇门

影壁院倒座的门帘架（图5-62），格心为简单的几何六边形与花卉组合而成的图案，造型别致有趣，不同的花卉代表了不同的含义。

格扇门的纹样由方格组成鞔亚纹，组成元素虽简单但花纹比例适宜，美感甚强。横批窗上的花纹也是石淙头村中常见的灯笼锦纹样，纹样富于韵律，视觉效果上佳。

3. 漏窗

石淙头村的漏窗各式各样，多为砖墙直接雕饰而成，也有变化砖的垒砌方式而形成漏窗样式的。漏窗多出现在厢房与正房的二层与倒座的二层之间的连墙上，可以由此一窥耳房。

后头院中的一例漏窗（图5-63），青砖打磨出优美的弧线，如莲花一般，造型简洁却不失细节之美。另一例漏窗打磨出四瓣花的样式（图5-64），有着传统的大方之美。

上宫上院中的一例漏窗（图5-65），与石淙头村中常见的栏杆样式一致，模仿木构件的榫槽接头，样式独特。

街花院这例漏窗（图5-66），上下砖块分别内退一些距离，使得漏窗中间以砖拼出的纹样如同悬在漏窗中间，减轻了实体砖块带来的厚重感。

图5-63 后头院漏窗一

图5-64 后头院漏窗二

图5-65 上官上院漏窗

图5-66 街花院漏窗

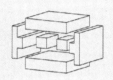
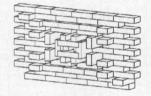
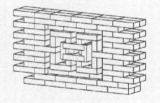

图5-67 街花院漏窗分解轴测详解图

五、栏杆

　　石淙头村中的木作装饰文化中，栏杆可谓占据了极其重要的一隅，雕刻手法多样，装饰精美，题材丰富。可惜由于木材不耐风雨侵蚀，部分栏杆上的雕刻纹样有些许模糊。

　　村中的栏杆样式大致可分为镂空和板式两种。镂空样式的栏杆主要为亚字纹、亚字纹衍生纹、柳条纹等。板式则在板上以浮雕的手法刻着各种图案。在栏杆横木之间往往饰以圆雕手法雕刻而成的如意等吉祥图案。一般同一个院子里，东西厢房栏杆的样式相同，正房与倒座略有不同。

　　下宫上院现存的东西厢房与倒座的栏杆样式一样（图5-68），均为亚字纹衍生纹，格子的分割比例恰当，整体造型典雅。横木之间镶嵌的木刻如意纹样亦很精致。

　　上宫上院东西厢房的栏杆样式一致（图5-69），均为镂空的亚字纹衍生纹样式栏杆，

图5-68 下官上院东西厢房与倒座的栏杆

图5-69 上官上院东西厢房栏杆

图5-70 上官上院正房栏杆

图5-71 上官上院倒座栏杆

将矩形的格子进行分割,形式美发挥得淋漓尽致,横木之间的木雕为十字形,中间刻有石淙头村中常见的几种花卉样式如卷草纹、四瓣花纹等。横木两端也饰以石淙头村中常见的花卉装饰,状似玉兰花,又似卷草纹。

图5-72 后头院东西厢房栏杆

倒座与正房则采用了板式样式的栏杆(图5-70)。正房的栏杆裙板饰六边的寿字,周围一圈回形纹,有疏有密,视觉效果佳,裙板上刻着对称的曲线,样式精致。横木之间的木雕在十字框内浮雕卷草纹。整体造型疏密得当,美观雅致。倒座的栏杆格心是团寿字(图5-71),四边的回形纹较之正房回形纹尾部作以变化,加上曲线的卷草纹,折曲结合,富于趣味。裙板上的装饰纹样是同样的卷草纹。

后头院东西厢房的栏杆是典型的亚字纹(图5-72),裙板上的雕刻虽被风雨侵蚀严重,细看依旧能分辨出雕刻着与上宫上院一样的卷草纹,横木之间的木块上雕刻有拐子纹,龙头依旧清晰可见,栩栩如生。

六、封檐板

传统建筑中檐口或山墙端头外侧的挑檐处常有钉置的木板（图5-73），其作用是使檐条端部和望板免受雨水侵袭，同时也增加建筑物的美感。封檐板样式多样，有方形的亦有不规则形的，上面的装饰花纹选材广泛，通常为花草鱼虫鸟兽等图案，亦有琴棋书画等博古纹样装饰。石淙头村中的封檐板样式有方形和无规则形的，上面雕刻的装饰纹样大不相同。可惜由于历经沧桑，多数的封檐板已经不见踪迹。

1. 方形封檐板

石淙头现存的方形封檐板上常见的纹饰是中心刻以团寿，整体简洁，没有繁复的纹样装饰。以文字的各种变形作为装饰样式，在石淙头村中十分常见（图5-74、图5-75）。

影壁院东西厢房的挑檐处有八块封檐板，不同于石淙头村中其他封檐板上通常见到的寿字纹样，上面刻着周易八卦的纹样（图5-76）。传统八卦具有八个样式，分别为乾三连（☰），坤六断（☷）；震仰盂（☳），艮覆碗（☶）；离中虚（☲），坎中满（☵）；兑上缺（☱），巽下断（☴）。影壁院封檐板上的八卦样式并没有完全搬照八卦全图，而是选择了其中一些，整体保存效果完好，花纹装饰历经风霜，依旧清晰明了。

2. 如意封檐板

石淙头中更常见的一种封檐板位于一层挑檐处，

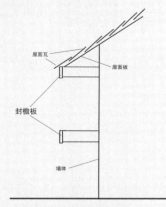

图5-73 封檐板示意图

图5-74 后头院二层封檐板

图5-75 影壁院门楼一层封檐板

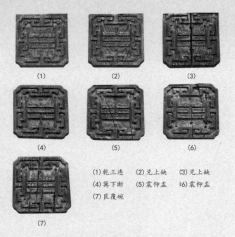

(1) 乾三连
(2) 兑上缺
(3) 兑上缺
(4) 巽下断
(5) 震仰盂
(6) 震仰盂
(7) 艮覆碗

图5-76 影壁院东西厢房一层封檐板

图5-77 后头院正房一层封檐板

纹饰是如意纹（图5-77），大头钉呈十字将封檐板钉在横梁端。整体封檐板造型简洁大方有趣，丰富了挑檐处的装饰。

七、木雕

石淙头村中的木雕艺术主要以菊花、莲花、牡丹等花卉和如意等各种吉祥纹样为主题，通常嵌于门楣或额枋的空当中。尤其是花卉的高浮雕，令人叹为观止，遗憾的是由于木材材质限制，村中保存完好的木雕已经屈指可数。

上宫上院门楣上的这例木雕虽稍许破损但依旧可一窥当年工匠高超的雕刻造诣（图5-78、图5-79）。这组木雕以高浮雕与镂雕的手法雕刻了一幅栩栩如生的花鸟图，菊花层次分明，枝叶繁茂，大小相宜，朵朵不同各有风韵，有含苞待放者亦有怒放者。鸟儿立于花丛之中回转修饰自己的羽毛，身上羽毛纹路清晰可见。整体木雕物象生动，富于变化。菊花意寓长寿，寄托了主人的美好期望。

下宫上院门楣上的这列木雕是石淙头村中保存得最为完好的一组（图5-80、图5-81），其雕刻的牡丹花瓣层次丰富，雍容华贵，叶茎遒劲，细节亦是惟妙惟肖，尚未开放的花骨朵线条细腻。牡丹之间点缀着小巧的四瓣花，更衬牡丹的大气与富贵。这一组木

图5-78 上官上院院门木雕

图5-79 上官上院院门木雕（细部）

图5-80 下官上院院门木雕

图5-81 下官上院院门木雕（细部）

图5-82 后头院院门木雕

图5-83 后头院院门木雕（细部）

雕寄托了潘家祈求富贵吉祥、繁荣昌盛的愿望。

　　后头院院门上的这组木雕保存也是相当完整（图5-82、图5-83），雕刻题材依旧为牡丹，大小映衬相宜，立体感极强，细节细腻，牡丹的高贵典雅在工匠的雕刻刀下被展现得淋漓尽致。

　　街花院耳房的门楣上木雕菊花竞相怒放，鸟儿立于枝头，相伴着花朵，右边的鸟儿展翅飞翔，动静结合，一片生机勃勃（图5-84、图5-85）。

　　棋盘院过厅后的院门门楣上的这例木雕（图5-86、图5-87），由于年代久远已缺失了部分，但依旧能够从精湛清晰的残余部分一窥完整的姿态，整体木雕立体感极强，凤凰的尾巴细节雕刻细腻突出，辨识度极强。凤凰穿行于怒放的牡丹之间，丹、凤结合，象征着美好、光明和幸福。

图5-84 街花院耳房木雕

图5-85 街花院耳房木雕（细部）

　　影壁院正房一层额枋上的这三例木雕（图5-88～图5-90），由于风雨侵蚀，保存状态较差，但从残剩的部分中可看出木雕题材丰富。左边的木雕雕刻着莲花，莲叶有开有合，莲叶背面的纹路亦以精湛的技艺表达了出来；中间的木雕从鸟儿尾巴可看出是"凤穿牡丹"的吉祥纹样；右边的木雕朵朵梅花绽放，一大一小两只喜鹊立于枝头，"喜上眉梢"生机勃勃。这一组木雕寄托了潘氏家族祈求家族兴旺发达、吉祥如意的美好愿望。

　　影壁院二院门门楣上的这例木雕（图5-91、图5-92），中间以浮雕手法刻着团寿纹，周围环绕凤纹，两只凤头相对，寥寥几刀，便足显工匠之神奇。左右对称镂雕囍字，周边环以雷龙文。

石淙头村中处处可见嵌于额枋间、门楣上、栏杆间的如意木雕，虽造型较为单一，但细节仍然丰富，如意样式皆有各种变化（图5-93）。

图5-86 棋盘院二院门木雕

图5-87 棋盘院二院门木雕（细部）

图5-88 影壁院正房"莲花"木雕

图5-89 影壁院正房"凤穿牡丹"木雕

图5-90 影壁院正房"喜上眉梢"木雕

图5-91 影壁院二院门上木雕

图5-92 影壁院二院门上木雕（细部）

图5-93 棋盘院额枋间的如意木雕

八、铺首

传统民居中，门是整个民居脸面，为建筑的主要出口，象征着主人的身份，大门因为其位置重要，更成为民居外部装饰的重点。各式各样的铺首便是整个门饰艺术的代表。

石淙头中的铺首样式简洁大方，常见的有如意、鱼纹、五角星、万字纹、福寿康宁等样式（图5-94）。

宫低院二院门的这例铺首（图5-95），由刻有8个寿字的如意头包围而成，是一幅"康寿如意"图，寓意生活顺心如意、主人健康长寿。

下宫上院的这例铺首由八个如意包围而成（图5-96），中间饰以铜钱纹样，左右饰以"福禄"二字。整个铺首保存完好，纹样繁复，铁艺精细，寄托着主人对家族的美好祝愿。

后头院这例铺首依旧是八个如意环绕（图5-97），中间刻有波浪纹。造型大气，细节清晰。

后头院厢房的这例铺首（图5-98），基本为圆形，边缘雕刻出波浪纹，中间四个如意纹，造型简答别致不繁缛。

图5-95 宫低院二院门铺首

图5-96 下宫上院院门铺首

图5-97 后头院院门铺首

图5-98 后头院厢房门上铺首

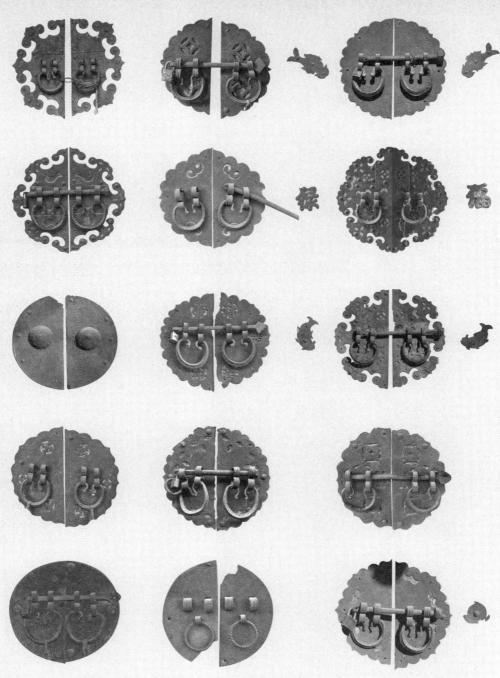

图5-94 石淙头村各式铺首样式

图5-99 圪垯院院门铺首

图5-100 上西院院门铺首

图5-101 影壁院厢房铺首

　　圪垯院这例铺首中心并没有任何装饰纹样（图5-99），只在两边刻着一对飞鱼，鱼饰用于门上有消灾避祸的用意。鱼的饰物由来已久，是国人生活中喜庆、丰稔、腾达、升迁、避祸消灾的"吉祥物"。

　　上西院这例铺首形近方形（图5-100），八个如意环绕，气势非凡，整体形态保存完好，铆钉排列规则整齐。

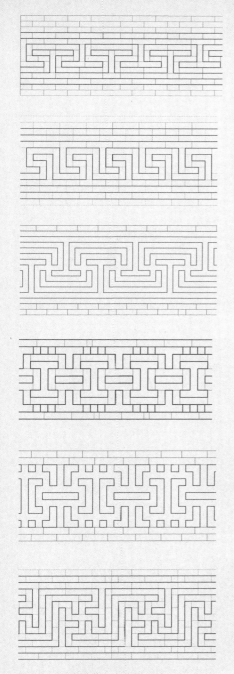

影壁院这例铺首是石淙头村中最常见的房门铺首（图5-101），波浪边缘，中心对称雕刻铜钱。铜钱外圆内方，外圆乃处世之道，内方乃自身之德。

九、砖饰

砖饰是石淙头村中一种独特的装饰文化。工匠在砌砖时，将砖的砌法稍作改动，就形成了别具一格的装饰。常在石淙头中见到的砖饰纹样有工字纹、折带纹、双万字纹、万字纹，还有福字砖饰等。砖饰与石淙头村中的栏杆样式中的花纹统一。

图5-103 石淙头村砖饰纹样砌筑轴测图

图5-104 棋盘院院门上的万字纹砖饰

图5-102 石淙头村各式砖饰纹样　　图5-105 棋盘院二院门上砖饰

图5-106 下院耳房上的万字纹砖饰

图5-107 下院耳房上的砖饰

图5-108 西头院院墙的福字砖饰

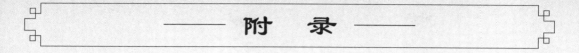

附录

附录1 历史建筑测绘图选录

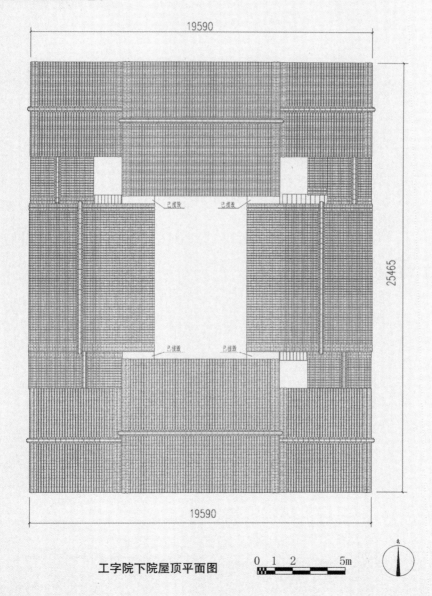

工字院下院屋顶平面图

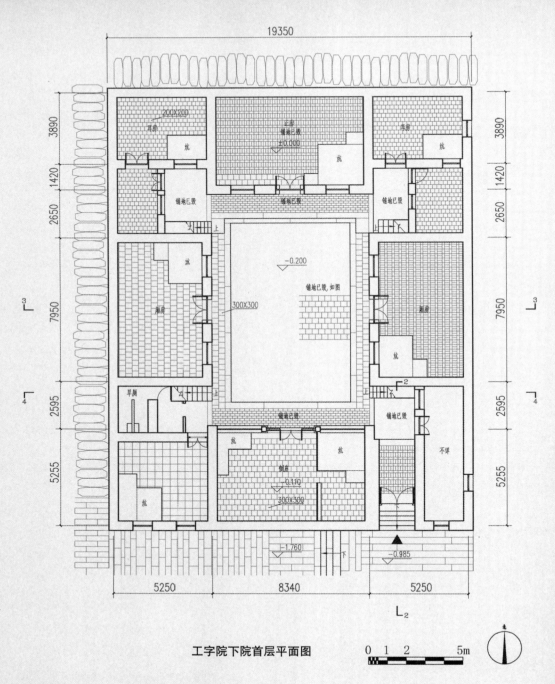

工字院下院首层平面图

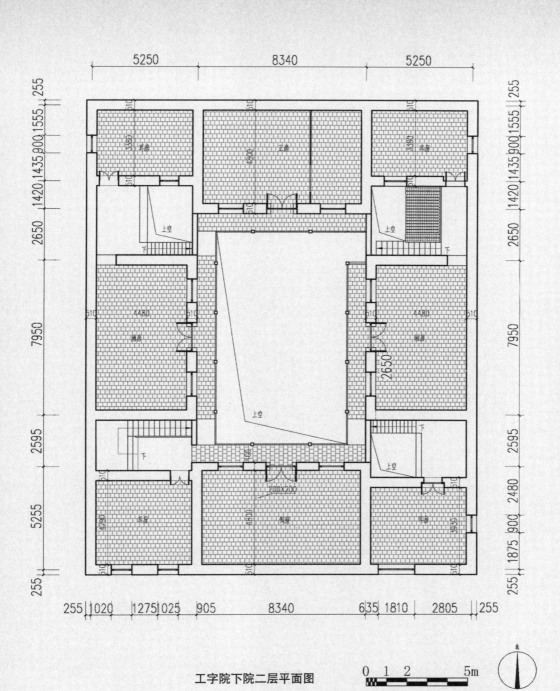

工字院下院二层平面图

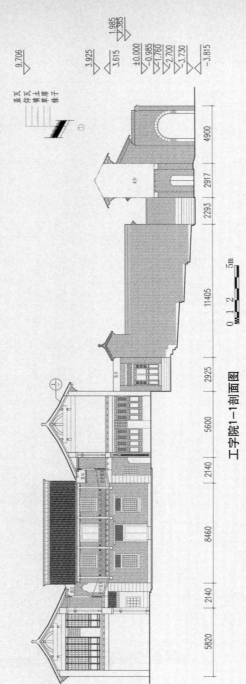

工字院1-1剖面图

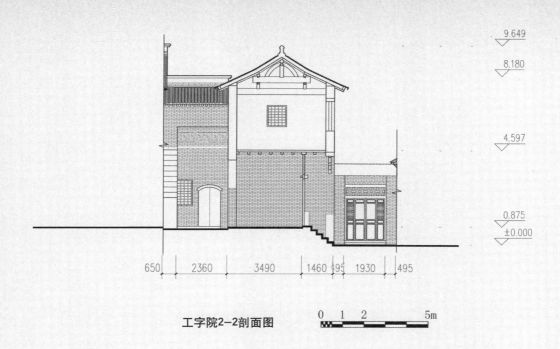

工字院2-2剖面图

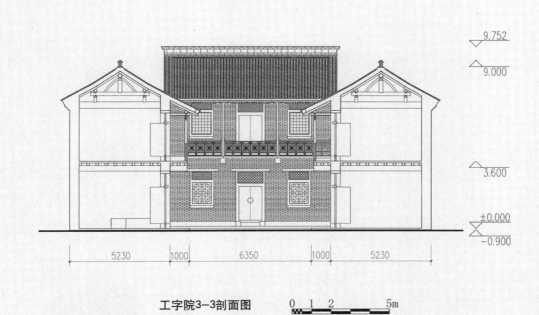

工字院3-3剖面图

| 山 | 西 | 古 | 村 | 镇 | 系 | 列 | 丛 | 书 |

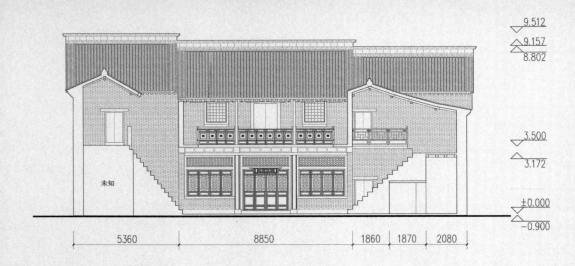

工字院4-4剖面图

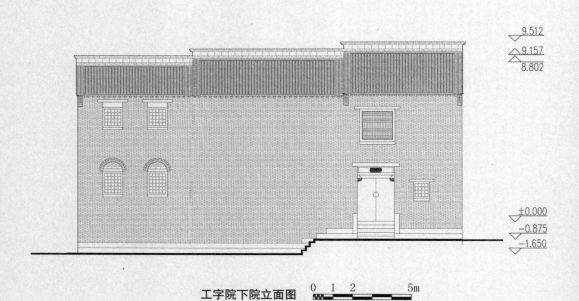

工字院下院立面图

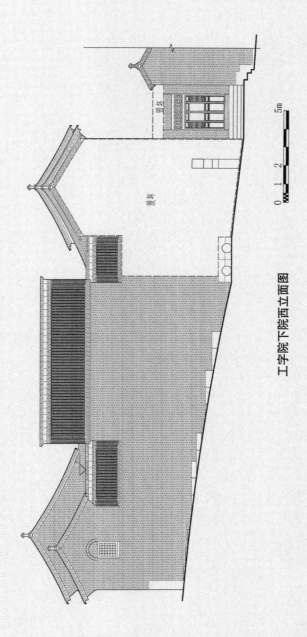

工字院下院西立面图

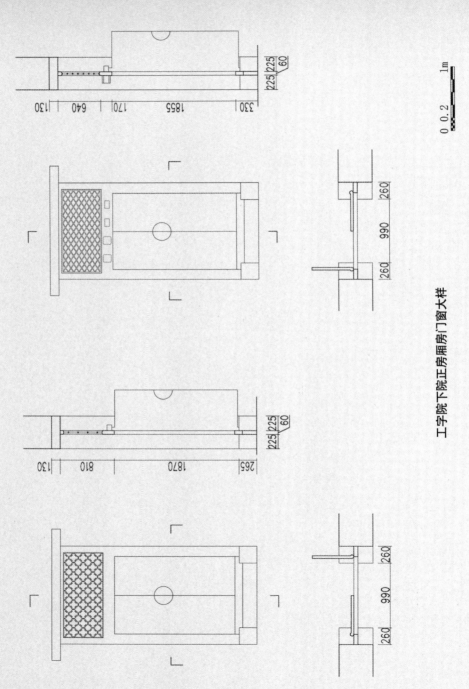

工字院下院正房厢房门窗大样

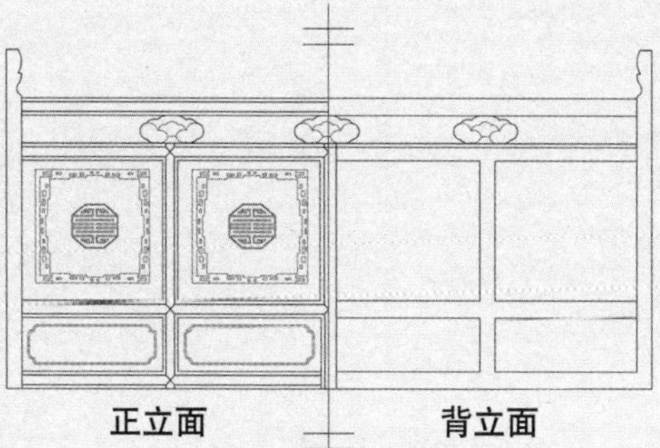

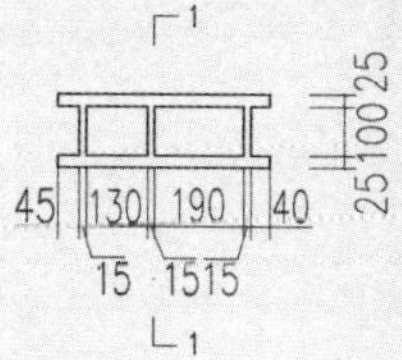

屋脊构件二1—1平面图
屋脊构件二1—1立面图
屋脊构件二1—1剖面图

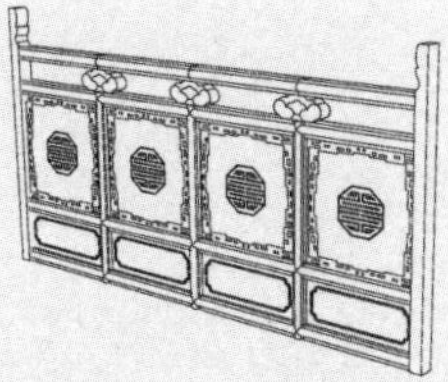

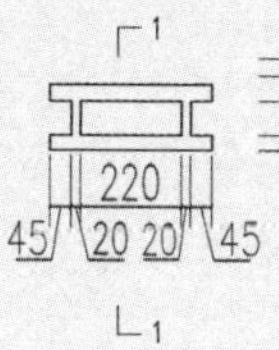

屋脊构件一1—1平面图 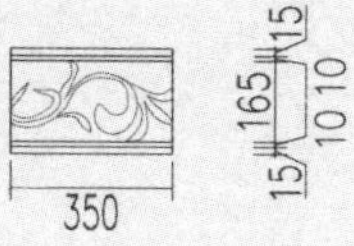
屋脊构件一1—1立面图 
屋脊构件一1—1剖面图

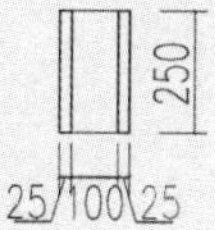

0 0.1 0.5m

栏杆1—1剖面图

倒座栏杆立面图
正立面
背立面

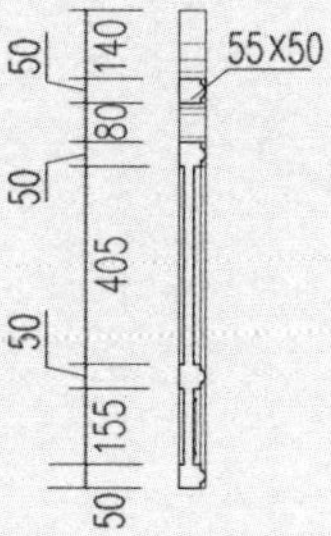

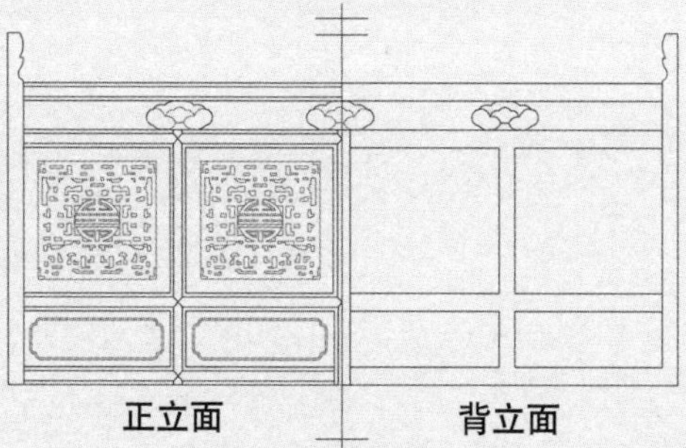

正房栏杆立面图
正立面
背立面

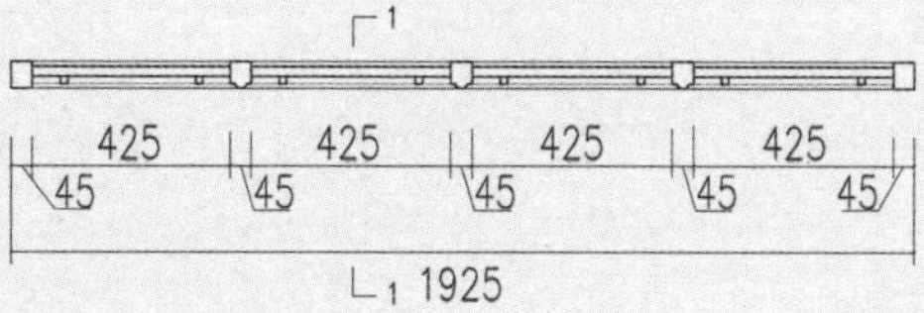

栏杆平面图

附录

191

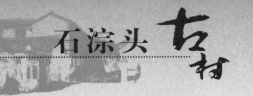

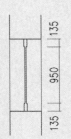 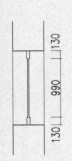 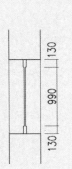

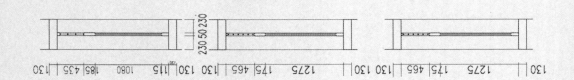

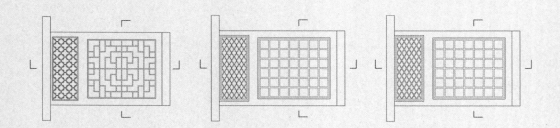

工字院下院正房厢房门窗大样

工字院下院正房厢房门窗及屋脊大样

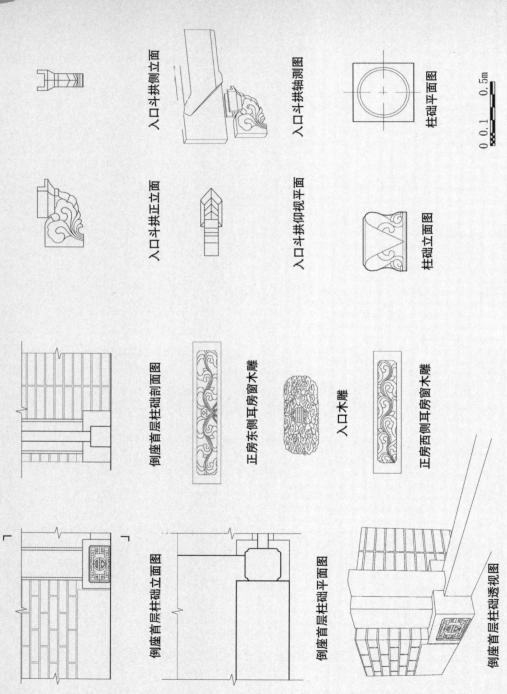

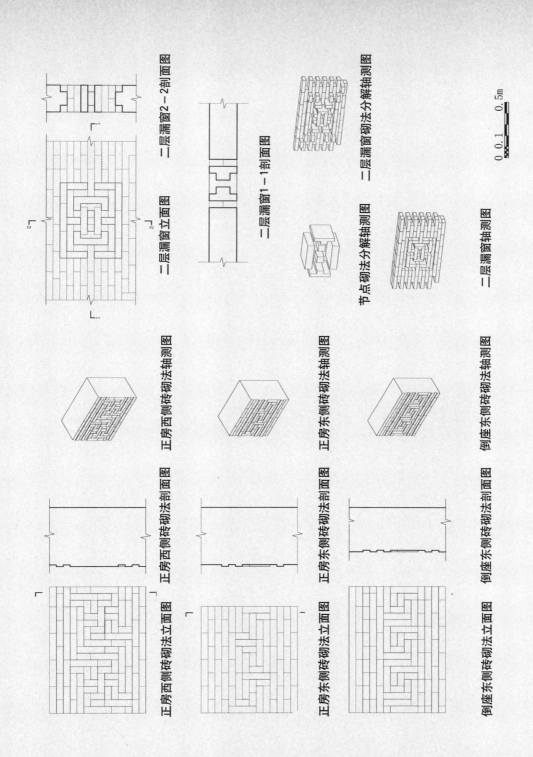

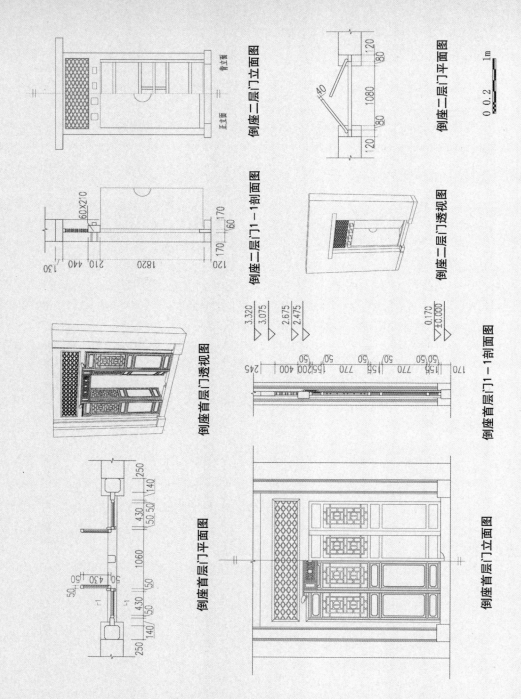

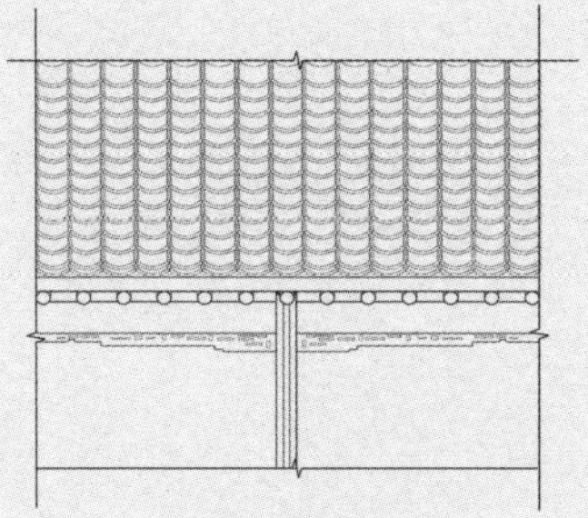

倒座首层窗立面图

正立面　背立面

倒座首层窗平面图

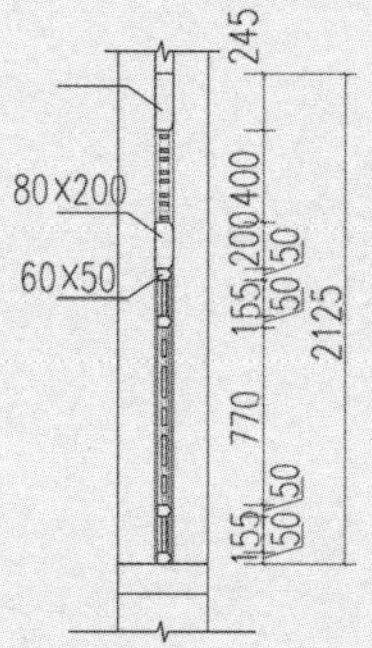

倒座首层窗1-1剖面图

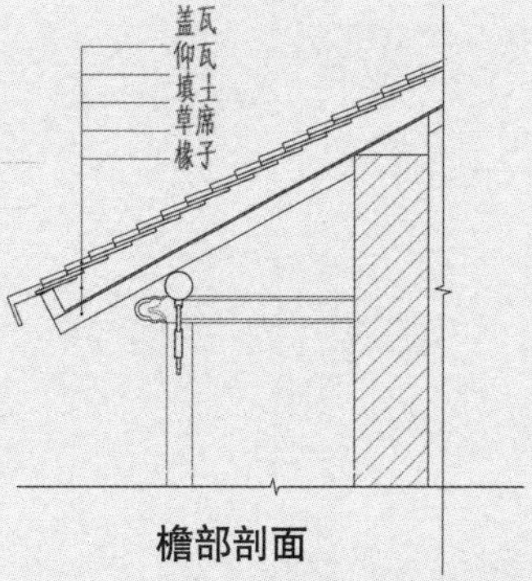

倒座首层窗透视图

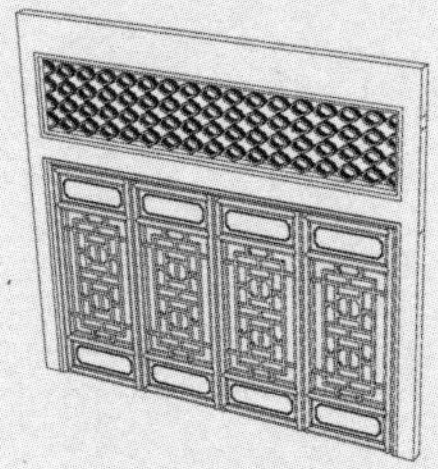

檐部透视图

檐部立面

盖仰瓦
瓦
填土
苫背
草席子
椽子

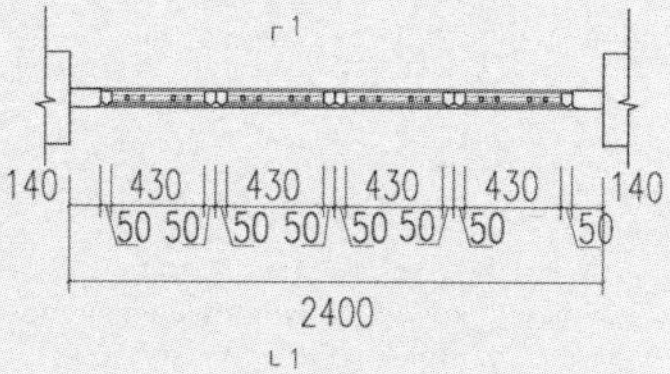

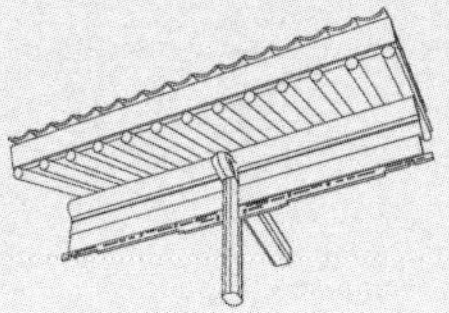

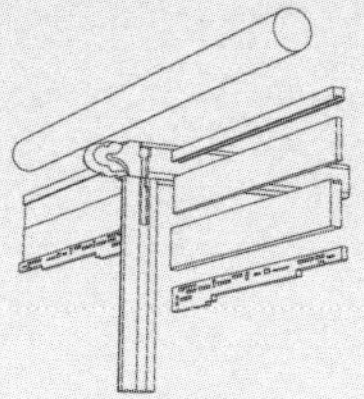

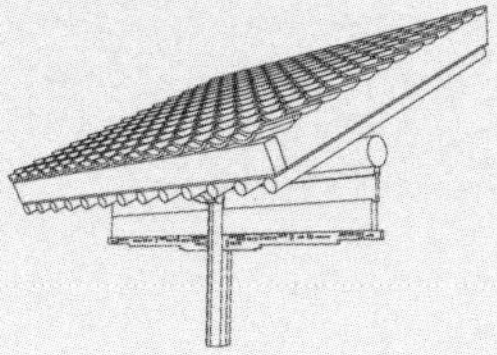

檐部剖面

附录

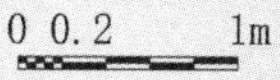

| 山 | 西 | 古 | 村 | 镇 | 系 | 列 | 丛 | 书 |

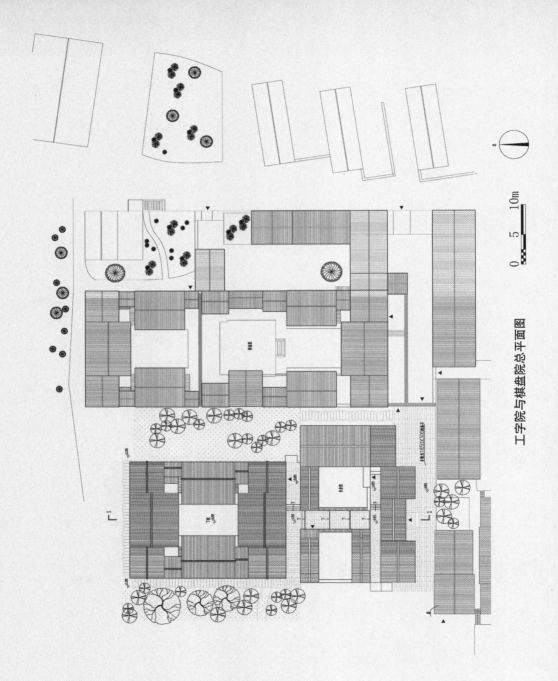

工字院与棋盘院总平面图

棋盘院首层平面图

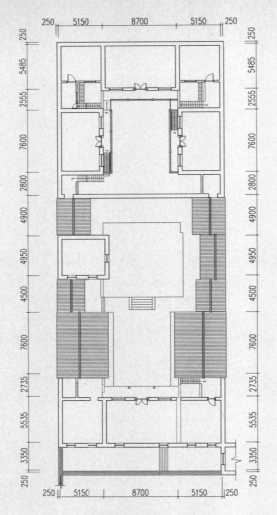

棋盘院二层平面图

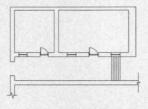

棋盘院负一层平面图

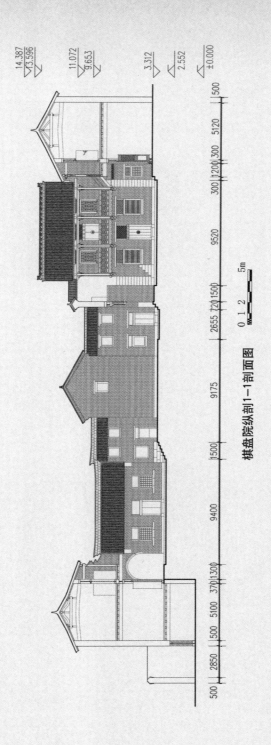

棋盘院纵剖1-1剖面图

附录

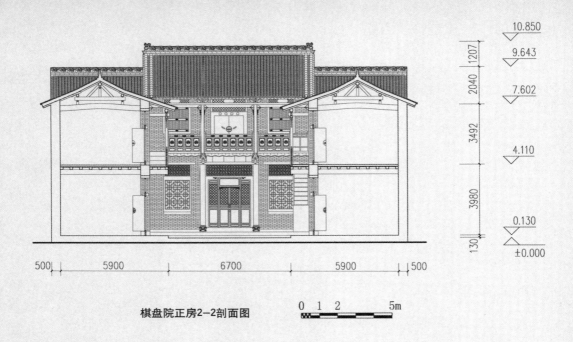

棋盘院正房2-2剖面图

棋盘院倒座3-3剖面图

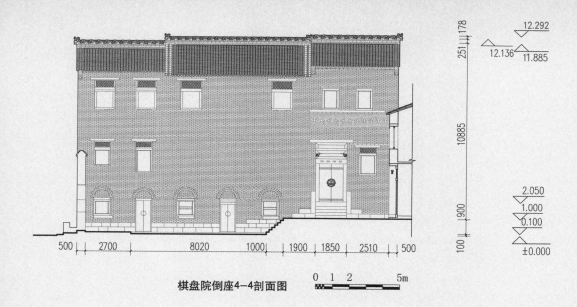

棋盘院倒座4-4剖面图

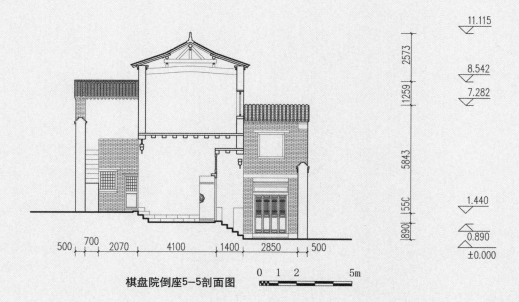

棋盘院倒座5-5剖面图

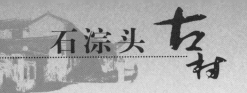

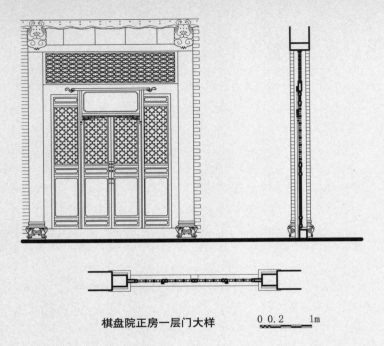

棋盘院正房一层门大样 0 0.2 1m

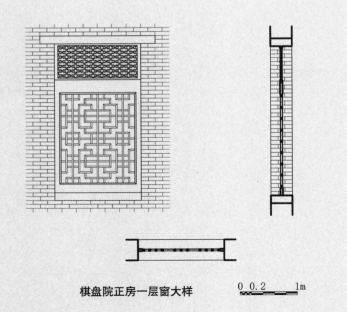

棋盘院正房一层窗大样 0 0.2 1m

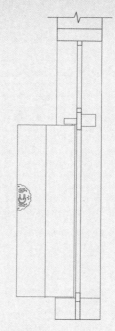

棋盘院厢房一层门大样　　0 1 2　5m

棋盘院厢房一层铺首大样

棋盘院厢房二层铺首大样

0 1 2　5m

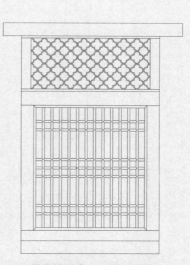

棋盘院厢房一层窗户大样

| 山 | 西 | 古 | 村 | 镇 | 系 | 列 | 丛 | 书 |

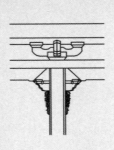
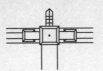

棋盘院正房斗栱大样　　0 0.2　　1m

棋盘院厢房栏板大样　　0 0.1　　0.5m

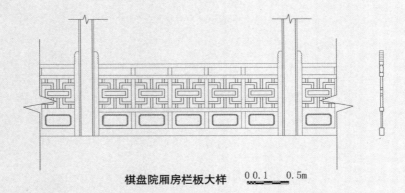

棋盘院院墙砖饰大样　　0 0.2　　1m

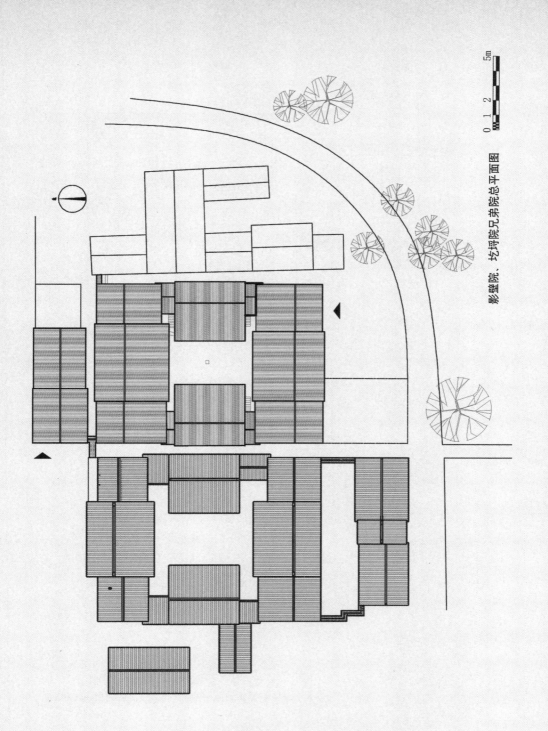

影壁院、圪坮院兄弟院总平面图

石淙头古村

山 | 西 | 古 | 村 | 镇 | 系 | 列 | 丛 | 书

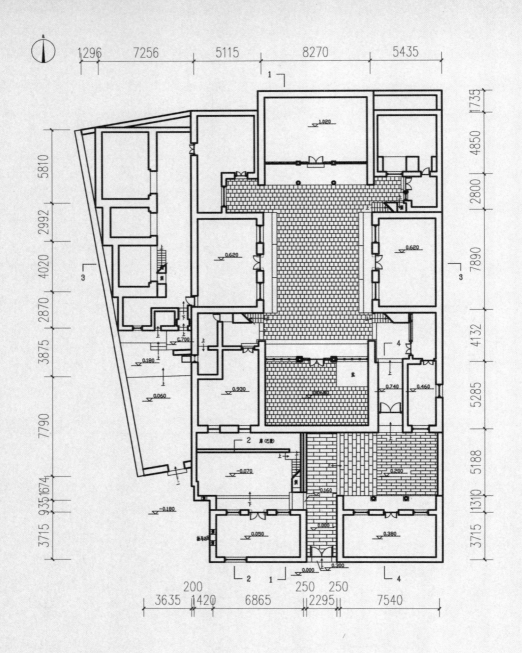

影壁院首层平面图

影壁院3-3剖面图

影壁院1-1剖面图

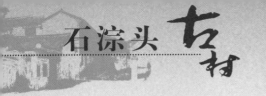

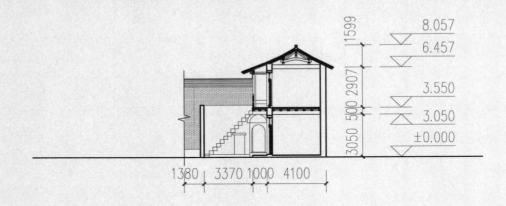

影壁院2-2剖面图

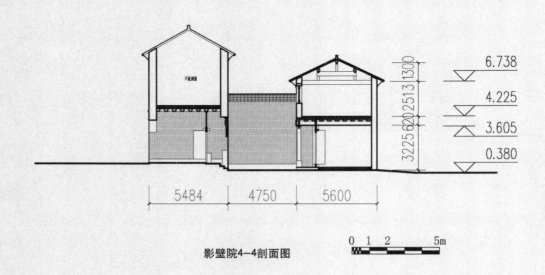

影壁院4-4剖面图

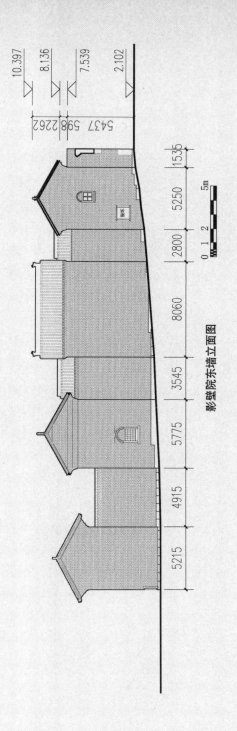

影壁院东墙立面图

山│西│古│村│镇│系│列│丛│书

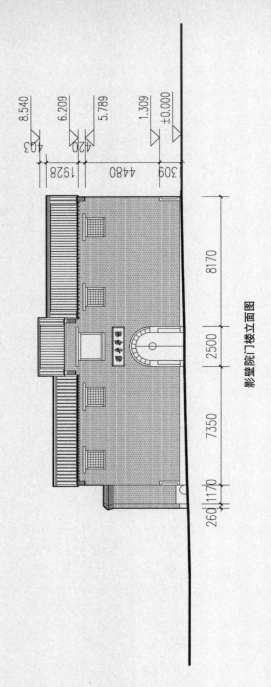

影壁院门楼立面图

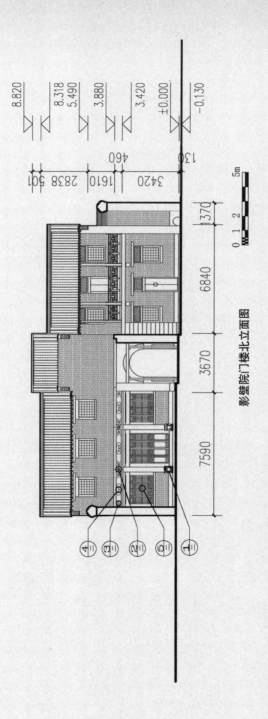

影壁院门楼北立面图

附录

213

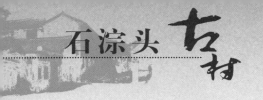

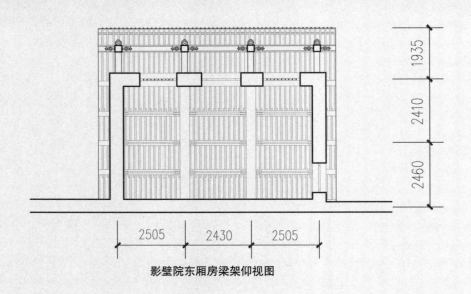

影壁院东厢房梁架仰视图

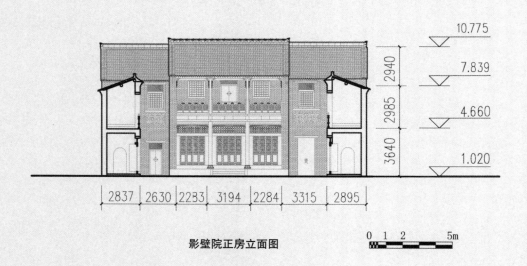

影壁院正房立面图

影壁院倒座斗拱大样

影壁院倒座石刻装饰及柱础大样

影壁院倒座立面图

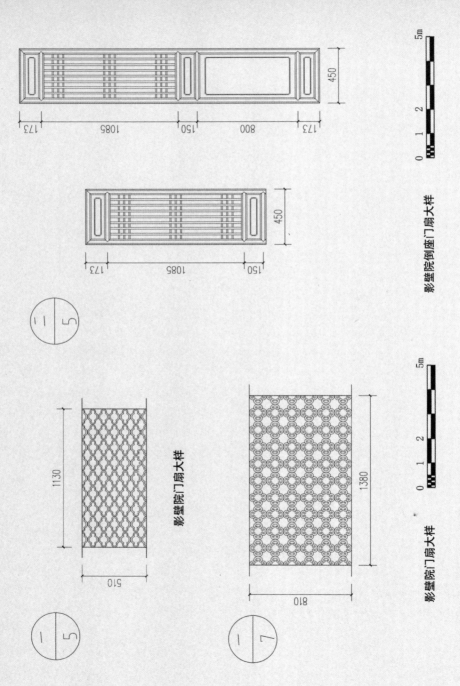

影壁院栏杆大样

影壁院倒座门大样

附录

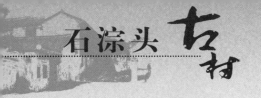

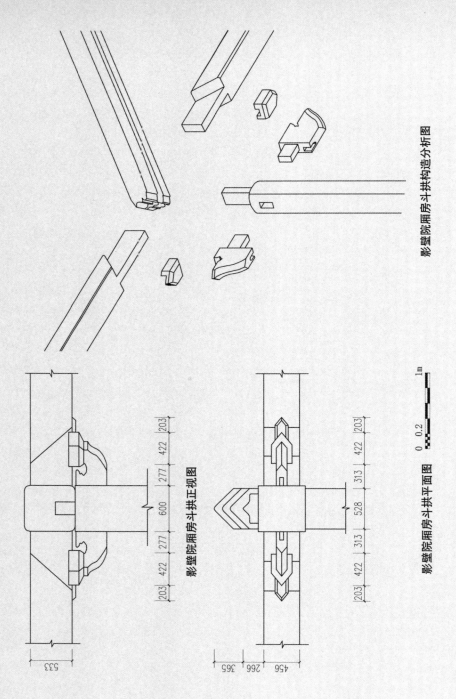

影壁院厢房斗拱构造分析图

影壁院厢房斗拱正视图

影壁院厢房斗拱平面图

影壁院柱础大样图

影壁院正房挂落大样图

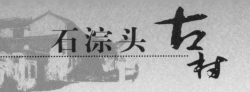

影壁院装饰图案

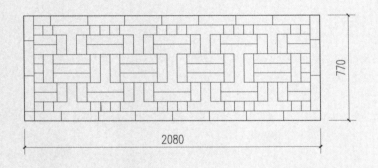

影壁院栏板大样

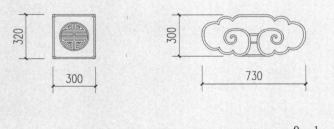

影壁院梁头及门锁图案

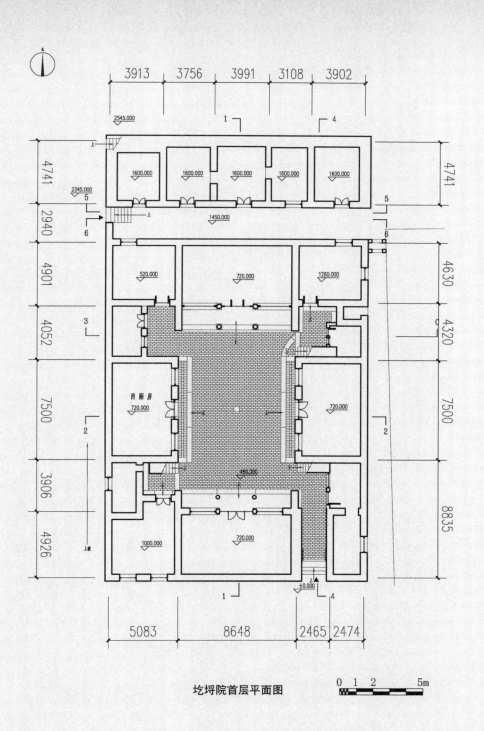

圪垯院首层平面图

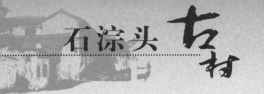

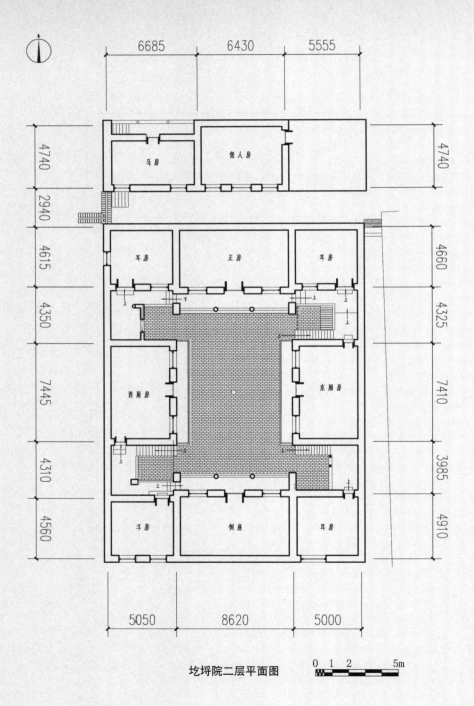

圪坮院二层平面图

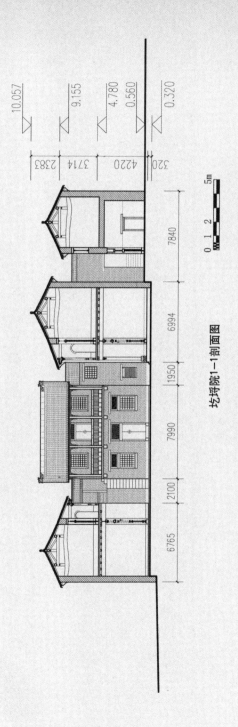

圪垯院1—1剖面图

附录

223

| 山 | 西 | 古 | 村 | 镇 | 系 | 列 | 丛 | 书 |

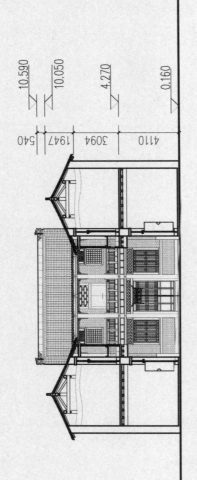

圪坮院2-2剖面图

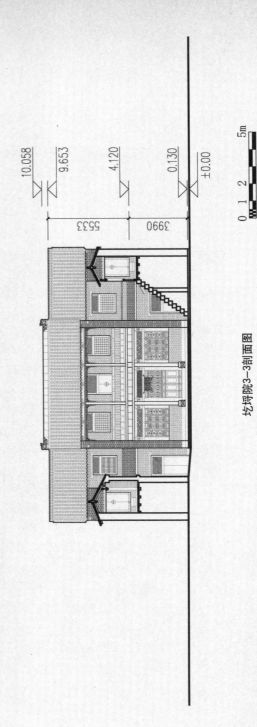

圪坮院3-3剖面图

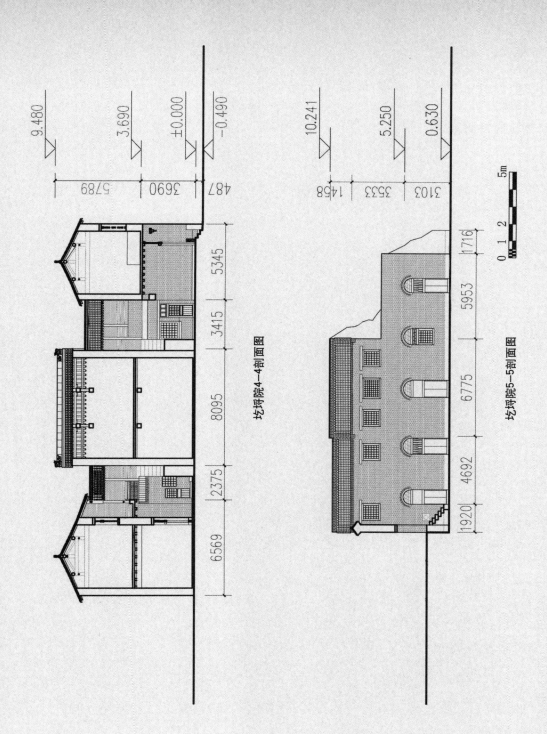

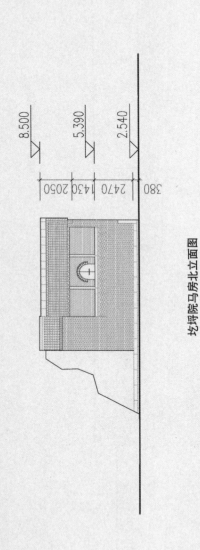

圪坪院马房北立面图

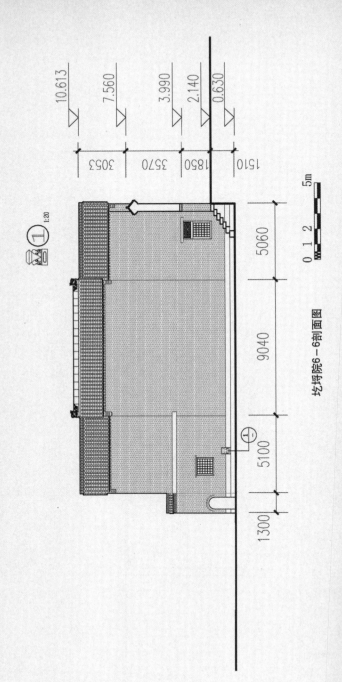

圪坪院6-6剖面图

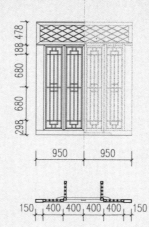

圪垯院窗扇大样

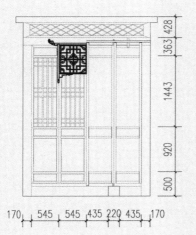
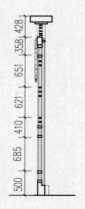

圪垯院门窗大样

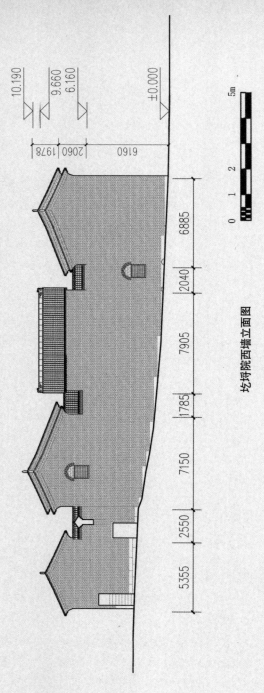

圪坪院西墙西立面图

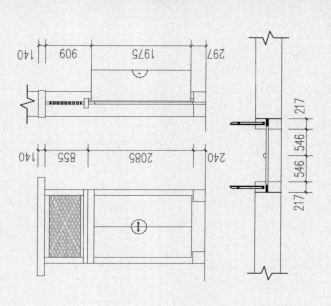
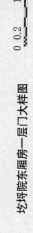

圪坨院东厢房一层门大样图

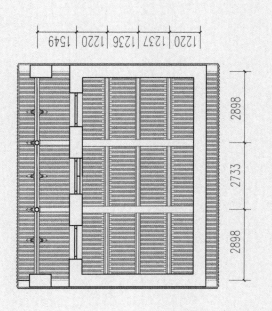
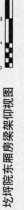

圪坨院东厢房梁架仰视图

山西古村镇系列丛书

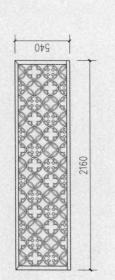

圪坷院"进业"上部窗花大样

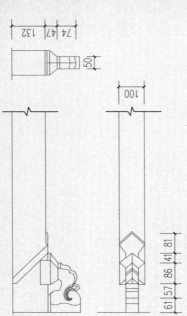

圪坷院厢房雀替大样

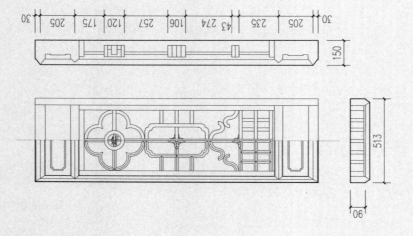

圪坷院倒座窗扇大样

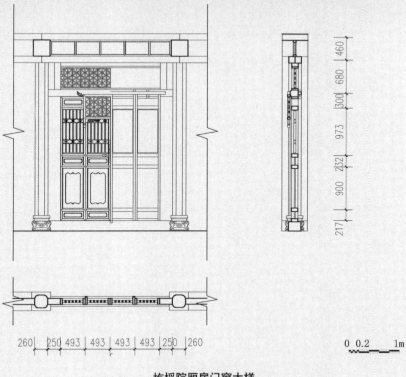

圪垯院厢房门窗大样

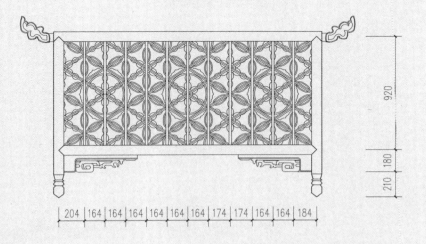

圪垯院门扇大样

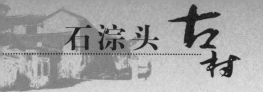

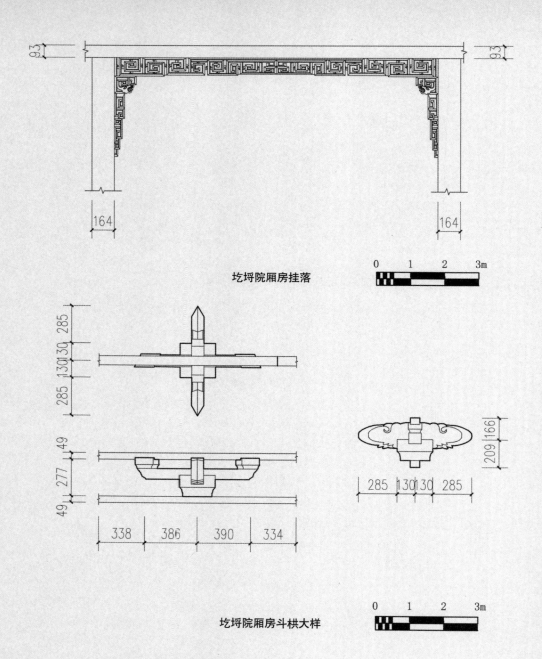

圪垱院厢房挂落

圪垱院厢房斗栱大样

附录2 碑文选录

1. 潘泽麟墓志铭

石碑正面内容：
布政司理问加三级姻晚段永泰顿首拜题
皇清
例授修职佐郎
候选儒学训导
贡生沛若潘公配
梁卢卫常申
孺人暨
咸丰二年岁次壬子季春谷旦

墓志铭内容：
　　公讳泽麟字沛若，大观公之子也。公赋□□谨，事亲至孝，尤嗜读书，成童时即立意举子业□勉图或勤，弗懈然。大观公以公禀赋之弱于□公，弱冠而即为之纳粟，俾□公身列成均，登明经之选。而公即以明经修行为砥砺，潜心大业，下惟发愤所为，文能自出机杼，不规规于时辙，与请同人抗衡而□。公每寺席而上也。后大观公春秋高，家务纷纭，又以古谦居殖运筹委□公，而□公始不暇治举业矣。然公之心未能释然也，家务少暇即吟咏不倦，五言七律尤擅，其长行莫□于独精，其艺非公之赋性灵敏而能若是乎？至公之处家也，惟以天伦为本，其事雨尊人，先意承志无论已。至其友昆季以恭，御侊俪以敬，课子与孙以义方，睦宗族以恩，周亲朋以信而惠，厚植深培，雍雍和豫，不亦世圣仅见者乎。后大观公殁，公尝以不能读书遂志为己憾，而即以读书成名为子孙计，师友之间，公故独如意为大约。公之为人厚而且直，以礼自持，终日危坐而无惰容。守身克谨严如□玉，言笑不苟然，诺不欺初，未尝妄交一人，亦未尝毁誉人。一□又尝训其子若孙四人，必有实际而后可，若无实际其行何足取乎。公之赋性醇，谨此其可见者也。公年逾六旬犹依依于太孺人前，而公之子亦且颁白而能继公之志矣。及公殁时而诸文会之兰苗者严有六人，公之厚德又为何至，其承先世积累之□善，继善述致令堂构□光箕裘克绍，不又有彰彰可睹者乎？公始配章训村卫孺人，生子一即□之是也，配郭峪村卢孺人，生女一适望城头郭姓，又配石院村常孺人、驼村梁孺人，又北连寺村申孺人暨侧室刘氏郑氏俱无出，而申孺人今犹在堂，康强尚键。将与大孺人享期颐之年俱未可量也。公有孙四人：长曰文范，职受军功议叙；次曰文衡，荣登国子后秀；三曰文炳，四曰文焕。文范有子一，文衡有子一，年始垂髫，俱在家塾，今观其□停鹄峙芝秀兰芳，其成就皆翘足待也。

　　公生于乾隆四十五年十一月十二日吉时，卒于道光二十六年一月初八日亥时。卫孺人：生于乾隆四十二年五月初五日吉时，卒于嘉庆二年九月二十一日未时。卢孺人：生于乾隆四十五年八月□□日吉时，卒于道光元年十二月十一日□时。梁孺人：生，卒。侧室刘氏：生，卒。郑氏：生，卒。

　　大观公葬于石涼头之西山昌裔阡，公以道光二十八年卜葬于此。兹名之曰望云阡□馆，于公之家

者数载，仰公之为人，又亲见公之行事。今公之子若孙为公立石属文于□不敢以谀墓之词掩公之实，仅以□□昔间于公，与所亲见，于公者为公志为。

阳邑庠生眷晚崔长龄撰并书。

2.大庙北房碑文内容

揭盖白龙大殿序

穷闻神威显镇四方，悉属鉴临听德，常昭万姓，均尝覆庇，虔诚报答，福造无疆。村西有一白龙圣庙，年沿带远，由来久矣。日久而神殿颓坏，□木凋零，风雨屋漏，观者目之而神伤焉。秉凤张公同二三有为，竭力捐资，村众亦勇跃乐施，于是修理正殿三间，左右角殿六间，月余间而焕犹重新。工竣，问序于余，不扬固陋因濡□以记□盛云尔。

阳邑庠生段雨周撰并书。

光绪十七年九月中旬吉日立

3.大庙戏台一楼东侧墙上碑文内容

村之对面山势峥嵘，□木苍翠，所以□屏风也。已□秋聚麟潘君将自己山坡工玉□洞下，玉河边东九为孙君地界西玉山□，慨然施社，社众不设□善爱□名以记□□云。

□王朝后□永兴樊君槐树一株早□已施入社，因楼间风水不许砍伐，今记□善，以□垂久远。

王绍顺、潘金麟、樊宇义、潘承麟
道光二十年夏五月谷旦

4.大庙戏台一楼西侧墙上碑文内容

村之对面原为一方保障，万姓庇赖树木苍翠以为屏风也，癸苅樊户宝三潘君广法昌，潘君将对面山柏树地基一概施社东至水心，西至圪梁上至走石岩边下至山根社中，不忍没其善行，故立石以垂不朽。

社首
樊根旺、张富永、张庚喜
光绪廿九年九月吉日立

5.大庙西厢房墙上碑文内容

百者□□□设筵器物在□必需以故找石淙头社中亦颇有制□第物以有失殊难追寻不为防卫为毁坏因于旧日□□之外益为增设，且议一规条□新旧错综两朝均俗庶，可以历久而常存，故志之。

一议社首交接各件□验明白
一议上下朝中如遇大事，俱依搬取。
一议流年社首遇公搬取事□之后，谷归原处。
一议村中人等私自擅用罚银二两。
一议住持照应器物，如有失落或着意毁坏，照物包赔。

计开

社中旧有：方桌二张、条桌六张、长条几□张、帮桌一张、红板凳十八条。四十三年新置：□条桌九张、方桌二张、条桌三张、帮桌二张、柜桌一张、椅八把、大板凳二条、□灯书灯六对、条盘二张、磨盘三张。

大朝议存：

大条桌九张、新旧方桌二张、椅四把、新旧条桌两张、柜桌一张、旧帮一张、大小红黑板凳十二条、纱灯灯架六对、□盘条盘共七张。佛堂议存：新帮桌二张、新旧方桌二张、新旧条桌七张、旧条桌二张、红板凳八条、椅四把、补修两朝以及器物，共使钱四十四□□□□。

樊颖公施钱一千一百文。

乾隆四十三年十月十五日社首
王量仝、潘子慎仝立石，樊阜□

6. 小庙西厢房墙上碑文内容

大清乾隆四十七年，碑记。

布施以招德，立碑以秉远，□人有善可嘉有行可录者社中，不忍其没也，故立碑以志之。

淙漠樊公施银五两，又施土圈地一块、粮银六分。

社末
玉正印、潘世俊、樊广基
仝立

7. 小庙东厢房墙上碑文内容

好善者乐施常也，□□庙中有施香□者，有施□者，有施钱财者，□皆好善之念所感而□动也，今□□歼传潘□福兴。高□神前施地五亩，地亩有□□□□穷，自前有神于住持无论□即于□□代□。神前香烟不竭烟，□常明感麟龙而□瑞□熊□以呈祥，其所以有神松香□奠财□。费者□不远，且大□是□□不铭之以为好善者，志□□，乐施者□。

□□，南河后，下河村，□□□□□。

社末
□□□、□□□、□□□
嘉庆五年七次庚申一月榖旦立

附录3 村民采访记录

1. 被采访人：张作龙（男、1935年生人）

采访内容：张作龙老人讲述了西晋名将周处流传在村中的一个传说，"周处除三害"的其中一害就是老龙汶里的蛟龙，村中传说周处杀蛟龙就在村西南老龙温，这里是长河的转弯处，因河水长期冲刷，形成以巨大深潭，犹如一仙池，又如一巨盆，长年有水，鱼虾嬉戏，传说有一苍龙隐潜于此，故而名为"老龙汶"，为长河上最大的瀑布。村民樊锦哗讲述，西晋时的周处剥削百姓粮食，每餐能吃一旦二斗米的米汤，是老百姓心中的祸害。关于两晋时期的石淙头村，只留下"周处除三害"这一传说，周处战殁，后葬在石淙头村所属的周村镇上。

2. 被采访人：李斗政（男、1952年生人、周村镇李鄢村小学校长）

采访内容：石淙头村是西去平阳的必经之路，是古时候晋豫古道上的一个重要结点，据石淙头村村民李斗政讲述，丝绸之路到此分为两条支路，一条绕过凤凰山南去到崇上村，另一条是从龙王山村方向来到石淙头村途径金鱼山后向河南方向走去。属实性有待考证，但这是长久流传于村中的一个传说。

3. 被采访人：潘廷珠（男、1949年生人、潘家后人）

采访内容：潘廷珠老人简单地讲述了潘家在石淙头村的发展变迁：清朝初期，随着潘氏家族经商的成功，村子的发展达到了一个高峰。由于潘家在河南一带的生意越做越好，再加上康乾盛世的历史背景，潘家积累了大量财富也在村中修建了许多豪宅。在这一时期，村内其他几个家族的生产生活也很富足。可好景不长，后期潘家的店铺被烧、钱财遭劫等厄运使得兴盛一时的潘氏家族走了下坡路，石淙头古村也逐渐走向没落。

4. 被采访人：樊锦哗（男、1927年生人、中共党员、抗战民兵连长）

采访内容：老人参加过抗战，就抗战的故事为我们进行了讲述。抗日战争时期，太岳、太行抗日革命根据地在边缘地带分置晋（城）沁（阳）、晋（城）北、晋（城）东县，1945年4月28日晋城县全境解放，同年5月恢复晋城县建制。石淙头村也出过许多抗日英雄，在樊锦哗老人的自传中讲述他曾于年担任民兵队长，对经过本村的日本部队开展了"石雷战"，取得很大成效。村中有许多人都参加过抗日战争，为新中国成立的伟业抛头颅洒热血，我们从樊锦哗老人的自传中了解到一些老人当年石淙头村的战友。樊老人还讲述了一位抗战名人樊克俭。樊克俭（1928～2005年）于1945年参加抗日战争，是正团级干部，于著名的三大战役之"淮海战役"中以英勇表现立过一等功，也在"上党战役"中立过县团级功绩。石淙头村受民主主义革命的影响较深，这方面的文化底蕴也说明在新中国成立前后石淙村在行政上的较高地位。

5.被采访人：刘凤英（女、1928年生人、17岁嫁至石淙头村、中共党员）

采访内容：抗日战争时期日本人出没于龙王山，村中的老百姓把粮食藏好后，自己都跑到山上避难，据刘凤英老人回忆，曾于1937年见过骑着高头大马的日本兵在村中扫荡的情形，他们见到百姓就拦路抢劫，但是惮于山上树林里藏有八路军部队，日本部队不敢在村里逗留太久，便在烧毁破坏及抢走财产的两三天后就离开村子，而此时，睿智的村民其实就藏匿在日本军队周围：除了藏在家附近的山上，还有的集结部分村民藏在自己房屋的隐蔽机关里。潘家下官上院就有在柜子里藏匿门供村民避难的做法，可体现当地百姓的智慧。

后 记

撷几件在别的古村落调查时发生的两件事,作为本书的后记。

有一年,学生们去某一古村落调查,我正好有事,未能同行。等我晚了二周赶到时,发现学生们个个瘦了不少。问及原因,学生们刚开始不好意思说,后来在我的再三追问下,才支支吾吾地解释说,大概是由于从开始调查到现在,一直没有能吃到肉。这在偏僻的农村,似乎很正常,因为一般只有在逢年过节时,才买肉吃。但这些来自城市的学生,对这一点还是很不适应的。就是在学校的餐厅,肉菜也应该占了一半以上。但是,虽然他们对肉垂涎三尺,但也不好意思向接待他们的当地村委反映,因为他们知道,村委在经济拮据的情况下,愿意接待我们,支持我们完成调查工作,已经很不容易了,如果再提些额外的要求,就很不合适了。我得知情况,第二天一早即赶到市里,买了很多排骨,炖了几锅,大家吃得很香。一位学生打趣说,要想吃肉香,二周不吃肉。

还有一年,我们去调查一古村落,这个村中所有的厕所都是露天的茅厕。所谓茅厕,就是用四堵墙或篱笆围成,里面有一个坑供使用,不能冲水。这在北方的农村非常普遍,几乎每户都建一座。但我们的一位学生无论如何也不能适应,只要到了厕所方便时,就不由得呕吐。这也无可厚非,很多来自城市的学生,从来没有见过茅厕,自然非常不适应。最后,没有办法,这位学生每次方便时,就让同学拿块布遮上眼睛,再让同学领到茅厕。后来,才慢慢适应。调查结束时,这位同学"得意洋洋",到处炫耀说,这次调查重要收获之一就是适应了农村的生活,了解了农村,提高了生存能力。

这些学生在调查中学习、成长,了解了中国的农村,接受了国情教育。这一点非常重要,因为如果一个人不了解中国的农村的话,就不能说他已经了解了中国的国情。对于这些学生而言,这也算是古村落调查的额外收获。

当然,我们调查工作能够付诸实施,得感谢很多同志。山西省住房与城乡建设厅厅长李栋梁、副厅长李锦生、总规划师翟顺河等领导对这套丛书给予了高度重视和积极支持;副巡视员张海同志(原村镇处处长)对本套丛书的定位、框架提出了许多宝贵意见和具体指导;村镇处处长于丽萍同志为了保证调查研究工作的顺利开展做了大量的组织和协调工作；在我们现场中，周村镇党委书记郎军芳、镇长焦志成、纪检书记郎建刚，泽州县住建局李国义科长亦做了很多协调工作；我院罗奇老师通阅全书，提了很多很好的修改建议。中国建筑工业出版社为了唤起民众的文化遗产保护意识，也肩担道义，愿意出版这套没有所谓"经济效益"的书。在此，一并表示真诚的谢意！

薛林平

北京交通大学建筑与艺术学院

2013年9月25日